国家社会科学基金项目（19CSH024）

空间异质性、人口分布与资源配置

上海老年人口与健康资源匹配的理论与实践

管理
MANAGEMENT

张 强 著

上海交通大學出版社
SHANGHAI JIAO TONG UNIVERSITY PRESS

内容提要

基于空间匹配的视角，从老年人口与健康资源空间匹配的“质”的均衡和“量”的均衡两个维度，基于模糊综合评价、主成分分析、GIS空间可达性分析、分要素预测、GM(1,1)灰色预测、空间回归统计分析等定量分析方法，深入研究老年人口与健康资源空间需求和供给的现状及特征。系统阐释老年人口与健康资源空间匹配的特质，深入分析上海老年人口健康资源的可达性，揭示老年人口与健康资源空间匹配不平衡的表象及成因，讨论上海老年人口与健康资源空间匹配的实践路径。本书适合人口与社会保障专业研究者及从业者参考阅读。

图书在版编目(CIP)数据

空间异质性、人口分布与资源配置 ：上海老年人口与健康资源匹配的理论与实践 / 张强著. —上海：上海交通大学出版社，2023.6

ISBN 978-7-313-28791-5

Ⅰ.①空… Ⅱ.①张… Ⅲ.①老年人—人口—健康—研究—上海 Ⅳ.①C924.245.1

中国国家版本馆CIP数据核字(2023)第094437号

空间异质性、人口分布与资源配置
——上海老年人口与健康资源匹配的理论与实践
KONGJIAN YIZHIXING、RENKOUFENBU YU ZIYUANPEIZHI

著　　者：张　强
出版发行：上海交通大学出版社　　地　　址：上海市番禺路951号
邮政编码：200030　　电　　话：021-64071208
印　　刷：江苏凤凰数码印务有限公司　　经　　销：全国新华书店
开　　本：710mm×1000mm　1/16　　印　　张：12.5
字　　数：221千字
版　　次：2023年6月第1版　　印　　次：2023年6月第1次印刷
书　　号：ISBN 978-7-313-28791-5
定　　价：69.00元

前　言

中国特色社会主义进入新时代，人民对美好生活的向往，已经从解决温饱、摆脱贫困转为追求健康、幸福和自我价值的实现。我国应对人口老龄化的社会政策也从传统的“托底式”养老保障，转变为健康老龄化的支持政策。老年人口与健康资源的空间匹配有三层含义：数量规模、结构类型和空间分布。深入研究老年人口与健康资源的空间匹配关系，不仅体现了健康老龄化的价值取向，而且对于提高老年人口健康服务资源的供给效率，缓解老年人口健康服务资源压力，具有重要的理论和实践意义。

人口与资源的匹配问题，是国家治理的重要实践形式，既是国家高度重视的社会问题，也是学界普遍关注的热点问题。目前学界关于这一问题的研究，多数

运用社会学、人口学、经济学、管理学等研究范式，采用制度结构分析框架，从人口安全、人口与资源的辩证互动关系，人口与资源的优化配置管理等维度，研究人口与资源的匹配关系。然而上述研究范式，忽略了空间结构对公共服务资源配置的影响，将空间结构理解为资源配置的外生变量而非内生变量。近年来新经济地理学、空间经济学逐渐兴起，为公共服务资源的优化配置提供了新的研究视角。从现实看，老年人口与健康资源的空间匹配不平衡，是当前我国人口老龄化背景下的一个重要社会问题。尤其是我国已经从重视人口与公共服务资源“量”的匹配，逐渐过渡到重视“质”的匹配。因此，从空间的视角，讨论城市健康资源空间配置与供给效率，具有重要的理论和实践创新价值。

本书以上海为研究样本，聚焦以下两个矛盾现象：其一，以医疗资源为主的老年人口健康服务资源供给增长迅速，医疗费用不断上升，而老年人口健康水平却没有实现同步增长；其二，以绿地、公园为代表的老年人口健康环境资源和以

养老机构、老年体育、老年教育为代表的老年人口健康社会资源越来越得到老年人重视，而老年人在空间选择上却面临艰难取舍。据此，上海老年人口为什么不愿意往郊区迁移？上海老年人口健康资源的空间可达性如何？老年人口与健康资源空间匹配的机理是什么？老年人口与健康资源空间匹配不平衡的深层原因是什么？成为本书研究必须紧扣的核心问题。

本书基于空间匹配的视角，从老年人口与健康资源空间匹配的“质”的均衡和“量”的均衡两个维度，基于模糊综合评价、主成分分析、GIS空间可达性分析、分要素预测、GM(1,1)灰色预测、空间回归统计分析等定量分析方法，深入研究了老年人口与健康资源空间需求和供给，以及匹配的现状及特征；系统阐释了老年人口与健康资源空间匹配的特质，深入分析了上海老年人口健康资源的可达性，揭示了老年人口与健康资源空间匹配不平衡的表象及成因，讨论了上海老年人口与健康资源空间匹配的实践路径。

目　录

第1章 绪 论

老龄化是世界人口发展的必然趋势，也是在全球范围内得到验证的普遍规律。我国已经是世界上人口老龄化程度较高的国家之一。满足数量庞大的老年群体多方面需求、妥善解决人口老龄化带来的社会问题，事关国家发展全局，事关百姓福祉。积极应对人口老龄化，构建养老、孝老、敬老政策体系和社会环境，推进医养结合，加快老龄事业和产业发展，优化老年人口健康资源配置，是国家和全社会积极努力的方向。当前和今后一个时期，我们要充分认识我国人口老龄化的规律和特征，加强顶层设计，统筹协调推进，坚持应对人口老龄化和促进经济社会发展相结合，努力探索应对人口老龄化的“中国经验”。

1.1 研究背景及研究意义

1.1.1 研究背景

1.1.1.1 实施“健康中国战略”目标的迫切需求

中共中央、国务院于2016年印发了《“健康中国2030”规划纲要》，将健康中国建设提高为国家战略，制定了未来健康中国建设的宏伟蓝图和行动纲领。在党和国家的政策文件中，多次强调“为人民群众提供全方位全周期的健康服务”，将“大健康观”提高到前所未有的重要地位。“大健康观”是包含健康预防、干预、护理在内的全周期服务，是包含婴幼儿健康、成年人、老年人在内的全人口服务。加强健康预防，让人民群众少生病不生病，生病能实现病有所医；同时对生活环境、饮食环境等环境健康，给予了高度重视。在全周期人口健康服务中，特别关注老年健康幸福，实现老有所医、老有所养。而老年人口与健康资源的空间匹配，是实现“大健康观”，进而实施健康中国战略目标的必然要求。

“健康中国战略”是未来中国健康发展的一种理念、一种规划，更是一种价值追求。人民对美好生活的向往是全社会努力的方向。而健康是人民获得美好生活的前提和基础，离开健康一切皆无从谈起。健康中国从最初的学界关注，到上升为国家战略，体现了全国人民对健康的迫切需求，这种需求的本质就是人民对美好健康生活的追求。而实现这一战略，需要整合各种健康资源，实现人口、资源和社会的协调发展。

健康城市是实现健康中国的重要支撑。伴随着城市化进程的不断加快，人口众多、交通拥挤、环境污染等“城市病”不断出现，居民的身心健康受到了重大影响。虽然我国医疗水平得到了较大的提高，但居民面临的包括环保问题、生活方式问题在内的各种健康威胁依然存在。健康城市的概念最早由世界卫生组织提出，其主要内涵是通过开发包括自然环境、社会环境等在内的各种资源，满足居民享受生活实现发展的目标。对健康的理解也更加日益深刻，由原来的“不生病”就是健康，发展为当前的集生理、心理和社会和谐为一体的大健康，具有划时代的意义。健康城市的建设也从单纯的以医疗为中心的建设，转为更多的重视公共健康、精神健康、社会环境健康的建设，将健康管理的理念应用于健康城市建设的全过程。

健康老龄化是积极应对人口老龄化挑战的有效路径之一。一方面，随着经济水平的不断发展，居民可支配收入大幅增长，社会保障制度持续完善，老年人追求美好老年生活质量的愿望日益强烈。另外，老年人口特别是独居老人、空巢老人日益增加，老年人对健康预防、家庭护理及健康护理等方面的需求将愈加旺盛。

另一方面，老龄健康服务资源供给不足。相比之下，美国等西方发达国家针对老年人的专业养老机构的比例超过了 30%。伴随人口老龄化的到来，要实现“健康老龄化”的目标，就必须实现社区老龄人口健康服务多元供给，全面动员市场组织、社会组织、家庭和个人等各方主体广泛参与，构建社区老龄人口健康服务的多元协同参与机制。

上海作为全国最早提出健康城市建设的代表城市之一，一直努力提高全人口的健康水平。2016 年上海户籍人口人均预期寿命已经超过 83 岁，婴儿死亡率 3.76‰，孕产妇死亡率 5.64/10 万，主要健康指标与发达国家相比不相上下。2021 年，上海主要健康指标进一步优化：市民平均预期寿命 84.11 岁、婴儿死亡率 2.30‰、孕产妇死亡率 1.60/10 万，与 2016 年相比，人均预期寿命增长 1 岁多，婴儿死亡率和孕产妇死亡率持续降低，三个指标更加优化，持续保持发达国家和地区领先水平。

上海在 2017 年发布了《"健康上海 2030"规划纲要》，明确提出要完善预防、治疗和健康管理融合的建设思路，对未来上海健康城市建设指明了方向。因为上海在健康城市建设方面的成绩突出，2016 年全球健康促进大会在上海召开，将人人享有健康作为大会的宗旨，加强包括健康预防在内的健康管理、健康基础资源建设、社会力量参与等经验成为世界各国学习的榜样。在看到成绩的同时，上海也面临着人口深度老龄化、疾病风险加大、环境污染等众多健康风险。上海作为一个超大型城市，在健康城市建设的过程中，不同人群享有同等的健康权利和机会，是一个非常重要的内容。如儿童、妇女、老人，上海户籍、外地户籍，中心城区人口、郊区人口等不同特征人口，由于先天因素的限制，在获取各类健康资源时存在着差异，如何解决这些人群的差异化健康需求，使其获得同样的健康权利和机会，成为上海健康城市建设过程中不得不面对的重要问题之一。

1.1.1.2 积极应对人口老龄化社会的时代要求

在经济社会发展的同时，我国人口结构发生重大变化，人口发展出现低生育率，低病死率，低增长率和高预期寿命的"三低一高"的新特征。老年人的人口数量也在大幅上升，人口老龄化程度也在不断提高，越来越多的国家步入人口老龄化社会[①]。根据 2021 年中国统计年鉴的数据显示，截至 2020 年年末，我国已有 1.9 亿 65 岁及以上老人，占全国人口的 13.5%，如图 1-1。

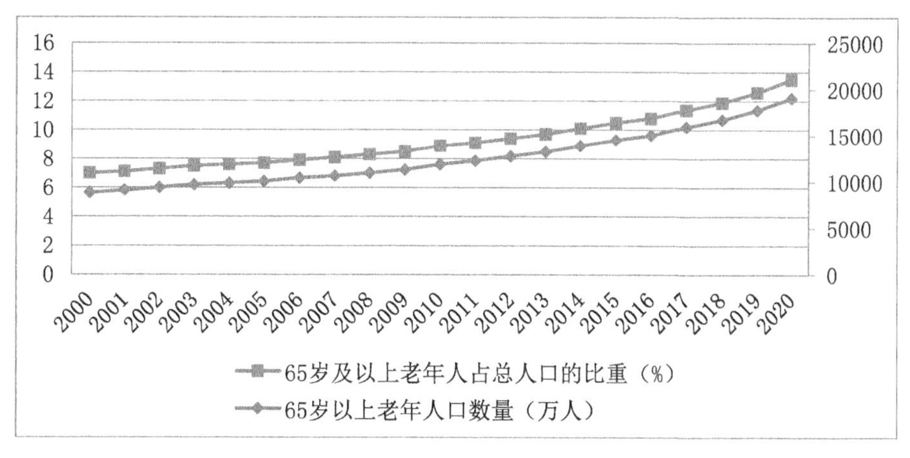

图 1-1 2020 年我国 65 岁及以上人口图

① 按照联合国的标准，一个地区 60 岁以上老人达到总人口的 10%，65 岁以上老人占总人口的 7%，即该地区视为进入老龄化社会。

在某些地区，人口老龄化情况可能更为突出。根据最新的2020上海市老年人口和老龄事业监测统计信息数据显示，全市60岁以上老年人口为533.49万人，分别占户籍总人口的36.1%，占常住总人口的21.4%；65岁以上老年人口为382.44万，分别占户籍总人口的25.9%，占常住总人口的15.4%。从性别角度看，女性老年人口比重高于男性，且随着老年人口的年龄增加，这一趋势更为明显。从老年人口结构方面来看，呈现明显的“倒金字塔”形。其中60～64岁比重为28.3%，占老年人口比重最大，65岁及以上老年人口逐渐递减。从历年走势看，随着老龄化的深入发展，60岁及以上老年人口仍然有逐年扩增的趋势，同时高龄化趋于明显，2020年上海市80岁及以上老年人口达82.53万人，占全体老年人口的15.5%，形势比较严峻。具体如表1-1所示。

表1-1 2020年上海市老年人口年龄结构 单位：万人

年龄段	合计老年人口	男		女	
		人数	占同年龄组人口比例	人数	占同年龄组人口比例
60+	533.49	256.19	48%	277.3	52%
65+	382.44	181.08	47.3%	201.36	52.7%
70+	233.47	108.06	46.3%	125.41	53.7%
75+	136.03	59.49	43.7%	76.54	56.3%
80+	82.53	33.59	40.7%	48.94	59.3%
85+	45.91	17.23	37.5%	28.68	62.5%
90+	15.15	5.09	33.6%	10.06	66.4%
95+	3.14	0.91	28.9%	2.24	71.1%
100+	3 080(人)	792(人)	25.7%	2 288(人)	74.3%

数据来源：2020年上海市老年人口和老龄事业监测统计。

面对人口快速老龄化的社会现状，对人口老龄化的认知也从“消极”转为“积极”，“健康老龄化”理念不断深入人心。健康是人全面发展的根本前提和条件，没有健康就没有一切。老年人追求美好幸福生活的前提是包括生理、心理和社会协调的健康，而这种健康需要各种资源的支持。老年人生活环境健康水平、医疗服务水平、社会参与的机会和能力等都成了“健康老龄化”建设的重要内容。

比“健康老龄化”更为深刻的是“积极老龄化”。这是联合国在2002年针对全球人口老龄化问题所提出的应对框架,“健康、参与、保障”是其核心思想理念。“积极老龄化”认为要在实现老年人心理、生理健康的前提下,还应当让老年人继续参与社会,实现自我价值,因此帮助老年人缓解病痛、恢复健康,具有参与社会的能力,是实现积极老龄化的第一步,是缓解人口老龄化问题的重要前提。

人口老龄化作为人类社会发展的一种新常态,已经对我国的经济社会发展带来诸多挑战,而当前问题尖锐和突出的重要原因在于,还没有构建起积极应对人口老龄化的社会框架体系。复旦大学彭希哲(2011)教授认为,人口老龄化并不是一种不正常的社会态势,而是社会发展到一定阶段的必然结果。在当前社会发展阶段,人口老龄化带来了一系列社会问题,但这种挑战不能全部归因于人口老龄化,更多的是由于当前社会政治、经济、文化等制度不能适应快速的人口结构的变化,是制度、政策和人口结构之间的不匹配产生的矛盾。老年人口日益增加的对健康的差异化需求与社会健康资源供给空间不匹配的矛盾尤其突出,迫切需要引起我们的高度重视。

1.1.1.3 人口与经济社会协调发展的内在要求

在新的社会发展背景下,当前社会的主要矛盾有了新的概括,人民对美好生活的向往与经济社会发展不平衡、不充分之间的矛盾,已经上升为整个社会的主要矛盾。人口分布与经济社会发展之间的不平衡就是这一矛盾的具体体现之一,其中最具有代表性的是中国地理学家胡焕庸提出的人口密度分界线,后被称之为“胡焕庸”线。丁金宏(2015)我国地理学家胡焕庸提出的人口密度线,线的右边 36%的国土面积居住着 96%的人口,而线的左边广阔的土地面积,由于自然地理等原因,人口密度较低。国家高度重视人口分布与资源的匹配问题,提出中国的城市化建设要考虑“胡焕庸”线的背景,并提出了均衡化的城市化建设目标。

人口的均衡发展是当前社会发展的内在要求。既要实现人口内部要素的平衡,如数量规模、空间分布、年龄结构、性别比例等,又要实现人口与外部要素的协调发展,如人口与经济、人口与资源、人口与环境等协调发展。人口均衡发展是可持续发展的重要组成部分,对我国经济社会发展具有重大作用。

伴随经济社会发展,人口结构进一步变化,人口老龄化将是我国未来一定时期内社会发展的常态。当前老年人口的各种需求与社会资源的供给不匹配,成为制约我国人口均衡发展的突出矛盾之一。主要表现在经济结构、公共政策、资源配置、管理体制等方面,难以适应快速变化的人口老龄化需求,导致出现了诸多人口老龄化问题,延缓了人口均衡发展政策目标的实现。老年人口与健康资源的空间匹配，是人口均衡发展的内在要求，是实现人口安全目标的重要途径。老年人口健康资源的均等化配置，老年人口的空间分布日趋合理，都有利于实现老年人口健康资源的空间均等化。

综上，实现老年人口与健康资源的空间匹配，有利于提高老年人口健康资源的可达性，有利于实现老年人口健康资源效用的最大化，也是积极应对人口老龄化，实现可持续发展的重要途径。

1.1.2 研究意义

在当前人口学、经济学等问题研究中，老年人口与健康资源的空间匹配问题占有很重要的地位。从空间的视角，探究老年人口健康资源的可达性，实现效用最大化，是积极应对人口老龄化，实现健康中国的重要途径。

实现健康资源均等化配置，对社会有重大影响。老年人口健康资源的均等化配置是应对人口老龄化的重要途径，基于老年人口的空间分布，实现老年人口健康资源空间差异化供给，从而最终实现健康资源效用最大化；相反，老年人口与健康资源空间匹配的不平衡，导致老年人口健康资源可达性较差，难以满足老年人口对美好生活的需求，阻碍了健康老龄化和积极老龄化目标的实现。因此，对老年人口与健康资源空间匹配问题的研究，在理论和实践上都有着重要的意义。

1.1.2.1 理论意义

老年人口与健康资源空间匹配研究，有着重要的理论意义：首先，对老年人口空间分布、健康资源内涵、健康资源可达性、空间匹配等核心概念和内容的研究，加深了对老年学、人口经济学和人口地理学的理解和认识，丰富和拓展了人口学的内涵和外延，突破了原来的以人口学、社会学为主的研究范式，融入了地理学等研究视角，实现了学科交叉。其次，通过对老年人口与健康资源空间匹配价值分析，深化了对公共服务均等化、供给侧结构改革等问题的理解，进一步推进了人口社会学的研究。对公共服务的“数量”和“质量”，除原有的平面“制度”视角理解之外，添加了“空间”视角的理解，使得老年人口健康资源和服务的研究更加立体。再次，对老年人口空间全局相关、空间统计、人口重心、健康资源空间分布、可达性等内容分析，使得人口与公共服务的空间研究得到进一步的完善，进而丰富和完善了人口地理学、健康地理学等学科理论体系。将地理学等分析方法应用于人口学领域，丰富了老年人口健康领域的研究方法，更加多样化、立体化、形象化的展示老年人口健康这一研究主题和研究对象，进一步丰富了老年人口健康研究的方法论。

1.1.2.2 实践意义

老年人口与健康资源空间匹配研究，具有非常重要的实践意义：首先，从政策层面，对老年人口与健康资源的空间匹配进行研究，有利于加强全社会对老年人口健康服务资源的重视，对上海贯彻落实国家公共服务均等化、健康老龄化等政策有一定的促进作用。通过对老年人口健康资源可达性研究，对老年人口获取健康资源的空间距离、机会等进行了深入分析，为各个城市探索健康资源的均等化提供空间解决方案，有利于公共服务均等化目标的实现，有利于实现健康老龄化、积极老龄化的宏伟目标，为解决人口老龄化难题提供对策与思路。其次，从操作层面，基于利益主体的博弈分析，为政府解决不同利益主体参与的重大战略和政策问题，提供了思路参考。老年人口与健康资源的空间匹配，涉及多方主体行为和利益，探索多主体协同供给老龄人口健康服务，提出针对性对策建议，解决不同利益主体的矛盾，实现效用最大化，构建利益协商机制等，有利于积极应对人口老龄化，实现社区老龄人口健康服务的有效供给。另外，构建社会力量参与的利益主体协商机制等政策建议，为人口老龄化社会中，解决不同利益主体的各种矛盾，实现效用最大化，进而制定相关政策，应对人口老龄化挑战，提供一定的借鉴依据。最后，从应用层面，对老年人口与健康资源空间匹配的研究，为学术界研究老年人口健康问题提供了新的研究方向、分析框架和方法应用。创新了原有学术界从社会学、人口学等视角研究这一主题的范式，引入了地理学等理论和方法。为政府等相关部门制定老年人口健康服务政策提供了决策支持和政策参考，有利于完善各个城市和地区的老年人口健康资源优化配置。

1.2 相关概念界定

1.2.1 人口分布

人口分布与人口规模、质量等，共同构成了人口学研究的核心领域。李竞能(2001)将人口分布理解为在一定时间、空间范围内相对稳定的人口分布状态。人口的发展是时间和空间的统一体，不能单纯地从时间维度去研究人口现象，需要结合空间视角来了解人口分布形成的历史原因和变动规律，人口分布具有地域性和不平衡性的特征。

老年人口是指在一个人口系统中，老年人口所占比例达到或超过一定比例的人口结构模型。根据联合国在1956年的划分标准,一个国家或地区65岁以上人口占总人口比重达到7%时,就代表进入老龄化。在1982年的维也纳老龄问题大会上,确定60岁以上人口占总人口比重达到10%时,也意味着这一国家或者地区进入老龄化。《中华人民共和国老年人权益保障法》中界定60岁以上的公民为老年人。

流动老年人口是流动人口群体中的重要组成部分。孟向京(2004)依据退休法律中的界定,将男性60岁及以上、女性55岁及以上户籍未发生变动的流动人口称为流动老年人口。本书根据国家计生委的界定,将离开户籍地,在流入地居住超过一个月以上的60岁及以上的人口界定为流动老年人口。

老年人口分布可以概括为一定时点老年人口在地理空间上的分布状态。明确不同年龄、不同人群、不同健康特征的老年人口分布,是进行老年人口健康资源精准配置的前提,是开展各项为老服务的基础。

1.2.2 健康资源

了解健康资源,首先要理解资源的内涵。虽然学术界对这一问题有了较多的研究探索,但目前学界对于资源的界定还未形成统一的意见。在特定的时间、地点条件下,能够产生经济价值为提高人类当前和未来福祉的各类条件和因素的总和,这是联合国规划署对资源的界定。资源配置则是指有限的资源,在某一特定的时间、空间范围之内,在不同主体之间,合理公平有效地进行分配、安排和配置的过程,可以分为“纵向”和“横向”资源配置、“增量”和“存量”资源配置等多种形式。而在资源配置过程中,公平和效率是其首先要考虑的重要因素。健康资源属于资源的一种,是对人类健康有重要影响的各种因素的总和,已经越来越引起人们的重视。

随着社会的发展,人类对健康的理解更加深刻和全面。从最初的不生病就是健康的理解,到1947年世界卫生组织认为健康是生理、心理和社会适应的综合体,健康的内涵和外延发生了巨大的变化。从最初的医学意义上的健康理解,到当前的社会学、人口学、政治学等多学科的理解,已经从狭义走向了广义,更加系统和全面。

《渥太华宪章》曾明确指出:包括政治、经济、文化等各种社会条件因素都会对健康有重大影响,促进或者损害健康。据此理解,所有能促进人的生理、心理和社会适应的各种因素,都应是健康资源的内涵。罗媞(2005)根据资源的本身属性和对人健康的作用差异,分为健康环境、服务和社会资源三大类。其中健康环境资源主要是指大气、土壤、生物、水、植物等各种自然地理要素组成，主要是指来自自然界的各种元素，这是包括老年人在内的全人类生存和发展的基础。健康服务资源则主要是指用于保障人类健康的各种人、财、物、技术、科技等在内的各种医疗卫生服务资源，是人类社会发展到一定阶段的产物，是人类综合利用各种自然资源和人力资源形成的智慧结晶，是当前影响居民健康水平的直接要素。健康社会资源则是所有有利于人类健康的政治、经济、文化、教育、人口、制度等社会因素，既有宏观的政策、制度等社会背景，也有微观的性别、职业、收入等因素，是人保持社会属性的重要健康资源。这三个方面对人的健康产生积极的影响，相互作用，缺一不可。

老年人口健康资源是指包括健康环境资源、健康服务资源和健康社会资源在内的所有能促进老年人生理、心理和社会适应的总和。老年人口健康资源具有公益和营利双重属性，既有满足老年人需要的公共产品，如绿地面积、基本医疗服务等，也有营利性的私人产品，如高档医疗资源等。这种双重属性和特征决定了老年人口健康资源供给的复杂性，特别体现在资源的空间优化配置上。健康资源的获取对人的健康有重要的影响，特别是对老年人，具有更为重要的价值和意义。老年人口健康资源配置，是指老年人口健康资源在一定的条件下，在不同利益主体之间，进行公平、合理、有效分配的过程。其中也包含着“增量”和“存量”资源配置、“数量”和“质量”资源配置等方面，空间公平和空间效率的选择和取舍也是其中最为重要的因素之一。因此，加强和完善健康资源的优化配置，充分考虑各种老年人的空间分布，是积极应对人口老龄化的重要举措。

1.2.3 空间匹配

匹配一般是指两个或者两个以上的系统之间相互影响、相互作用的社会现象。

匹配被广泛运用于经济学、社会学、管理学等学科研究中，在不同的学科，具有不同的内涵和外延，如经济学中的“匹配效用”、社会学中“人口与资源匹配安全”、管理学中“人与岗位的匹配”等。虽然在不同学科，匹配的内涵和外延存在差异，但学术界也在一些方面形成共识。如匹配包含了数量、结构、空间等多个层次；匹配既是数量、规模等“量”的问题，更是权利、机会等“质”的问题；匹配既是反映一定稳定基础之上的“静态”匹配，也是随着时间、空间变化的“动态”匹配。匹配的理想目标是均衡或者平衡，而现实中不平衡却是社会发展的常态。

空间匹配是基于空间视角，探究两个或两个以上系统的相互影响的社会现象。当两个或两个以上空间系统相互促进时，称之为空间匹配平衡，当产生相互矛盾时，则称之为空间匹配不平衡。空间匹配的平衡，会产生良好的绩效。绩效在《牛津英语词典》中被解释为做某件事情的行为和实施之后的状态。绩效在管理学、经济学和社会学领域中被广泛运用。绩效学说在彼得·德鲁克(Peter F. Drucker)学术理论中占有重要地位，他认为绩效就是成果，通过战略规划来确定使命，再通过使命来确定绩效和成果，而实现绩效的手段就是管理。Murphy (1991)认为绩效是反应组织或单位目标的预期行为。Bernardin(1995)认为绩效是反映组织的目标、顾客的满意度相互关系的一种结果。普特南(Putnam, 1994)提出通过协调社会资本来提高效率和绩效。Scott(1991)将绩效运用于社会网络中，从社会资源的视角探讨绩效的属性。在此基础上，陈睿(2007)对空间与经济绩效之间的关系展开了深入研究，认为空间结构具有影响经济绩效的作用，空间经济绩效不仅体现在数量方面，更强调空间分配效用。彭坤焘、赵民(2010)认为功能互补、区位独特、空间分割垄断性等是城市空间绩效的内在机理。

老年人口与健康资源空间匹配的本质是需求与供给的空间匹配。老年人口健康需求是依托老年人口空间分布而存在，老年人口健康资源在供给时，必须对老年人口空间分布情况进行分析，这有利于实现空间绩效的最大化。空间绩效，是人类活动绩效在空间上的动态体现，是各种资源在空间配置过程中的效率、效果和效益，是一个综合概念。只有根据人口、资源等分布特点，优化配置各种元素，实现空间匹配，才能实现空间综合效益的最大化。老年人口与健康资源实现“数量”和“质量”“存量”和“增量”等方面的空间匹配，有利于将有限的老年人口健康资源以最小的成本，配置到最需要的人群、时间和空间中，从而实现老年人口健康资源配置的公平和效率的有机统一，实现老年人口健康资源空间绩效的最大化。

1.3 研究思路与主要内容

1.3.1 研究的总体思路

本书聚焦在老年人口空间分布与健康资源空间匹配这一核心问题，关注这一问题背后的本质是什么？即老年人口健康需求与健康资源供给的空间匹配问题。紧扣这一本质问题，通过理论和实践的研究，最终实现老年人口分布最优化和老年人口健康资源效用最大化两个目标的一致性。

本书的逻辑思路如下：

第一，首先从理论上阐释老年人口与健康资源空间匹配的合理性。通过梳理学术界关于这一主题的相关研究文献，对本书的学理性进行深刻的研究。对关键核心词汇的阐释，对国内外经典理论的概括，是阐释老年人口与健康资源空间匹配合理性和深刻价值的基础。健康资源满足老年人口的需求越大，则老年人口健康资源的效用越大，而老年人口与健康资源空间匹配可以有效地实现这一目标。

第二，其次对老年人口与健康资源空间匹配的现状进行论证。利用“五普”“六普”“七普”、上海统计年鉴、上海公安局普查等数据，对上海老年人口的空间分布和健康资源的空间分布及其可达性进行分析，通过可达性分析、重心模型、指数模型等相关定量方法对两者匹配的情况进行分析。基于上海大样本的数据分析，来对老年人口与健康资源的空间匹配进行实践验证，这是研究的重要内容之一。

第三，构建老年人口与健康资源空间匹配的评价指标和目标模型。通过模糊评价和层次分析等多种分析方法，构建老年人口与健康资源空间匹配评价指标体系和匹配度模型，并基于上海的数据进行匹配度验证和预测。基于学理分析，构建老年人口与健康资源空间匹配的原则和指导思想，基于数理分析方法，构建老年人口与健康资源空间匹配的评价指标和模型，这是研究的难点之一。

第四，探究老年人口与健康资源空间匹配不平衡的内在原因。本章需要基于利益博弈等理论，对不同利益主体利益诉求和博弈行为进行剖析，深刻分析匹配不平衡的内在机理。博弈论是分析不同利益主体之间复杂关系的重要方法，本章通过博弈行为和博弈关系分析，分析不同利益主体的利益诉求，探究老年人口与健康资源空间匹配不平衡的内在原因。

最后，提出完善老年人口与健康资源空间匹配的对策建议。基于不平衡成因的分析，从政府政策设计、社会力量参与、利益协调机制构建等方面，提出相关的政策和建议。这种实践路径和策略的完善，需要对老年人口与健康资源空间匹配的原则和指导思想进行深入思考，对“数量”和“质量”的匹配内涵、空间公平和效率的关系等认知更加全面。

1.3.2 研究的主要内容

根据本书的研究思路，本书整体划分为八章内容，具体安排如下：

第 1 章是绪论。对本书研究背景、研究意义、相关概念界定、研究思路和主要内容等进行总体分析,并就本书的研究方法和可能的创新之处进行阐释。本部分为本书研究的绪论,人口分布、健康资源、空间绩效等进行内涵界定,在健康中国、人口老龄化等时代背景下,本书研究具有重要的时代价值和意义。

第 2 章是老年人口与健康资源空间匹配的文献综述。对国外、国内学术界围绕这一主题的研究进行学术梳理,这是本书研究的前提和基础。对文献检索情况和学术趋势进行综合分析,在国外人口老龄化、健康地理学、空间经济学等理论和实践研究的基础上,对国内的人口与资源匹配的价值、公平与效率、影响因素等方面的学术成果进行梳理。学术界的前期研究,为本书研究老年人口与健康资源空间匹配问题,提供了研究基础。

第 3 章是老年人口与健康资源空间匹配的价值研究。这是本书研究的学理分析部分,对老年人口与健康资源空间匹配的理论价值、实践价值和现实困境进行深入的分析。一方面,基于空间经济学效用价值最大化理论、供给侧改革供需匹配理论、积极老龄化理论,论证老年人口与健康资源空间匹配的学理价值;从规模、结构等“量”的需求和对美好生活质量追求等“质”的需求论证其实践价值。另一方面,对当前老年人口健康需求扩大与供给有限之间的矛盾,各主体利益博弈的现实困境进行分析,充分论证本书研究的学理价值。

第 4 章是老年人口与健康资源空间匹配的现状分析。本书利用上海公安局普查数据、上海统计年鉴数据和 GIS 空间分析方法,对上海老年人口总体情况,上海老年人口空间分布情况进行年龄段、数量和密度测算,并对未来趋势预测,并利用分布重心模型和集中指数模型进行分布评价;其次对老年人口健康资源进行空间分析。对以公园、绿地等为代表的老年人口健康环境资源,以医疗机构、卫生人员数为代表的老年人口健康服务资源,以养老机构、老年大学、老年体育等为代表的老年人口健康社会资源进行空间分析。在此基础上,利用 GIS 空间可达性模型,对老年人口健康资源进行可达性测算。这是本书研究的重要内容。

第 5 章是老年人口与健康资源空间匹配的评价指标与模型构建。本书从空间匹配模型构建的思想、动力、原则,空间匹配模型的评价方法,空间匹配模型的指标体系,空间匹配模型的构建与测算四个维度进行详细研究。本书基于老年人口与健康资源的空间匹配,即在空间上实现供给与需求的相对一致性,老年人口空间需求得到最大满足,健康资源空间供给效用最大化这一核心思想,运用模糊综合评价、层次分析法、匹配度测算评价方法,构建老年人口与健康资源空间匹配评价指标。首先基于老年人口健康分布相对稳定状态下(非动态),得到健康资源优化配置的空间指数,即老年人口分布与健康资源空间静态匹配模型;其次在基于老年人口分布动态变化和健康资源空间分布变化的现实情况,构建匹配度模型,并对上海老年人口与健康资源空间匹配情况进行了测算。

第6章是老年人口与健康资源空间匹配不平衡的成因分析。本书在对老年人口空间分布和健康资源空间匹配不平衡现状进行描述分析的基础上,对其背后不平衡的内在机理进行深入剖析。对匹配不平衡的表现、利益主体的行为特征和利益诉求分析、利益主体的博弈分析三个纬度进行详细分析。首先从空间经济学的视角,对空间匹配不平衡的现象进行了描述。从“量”和“质”两个角度,对上海老年人口与健康资源空间匹配的实践不平衡现象进行了分析。其次,对各级政府、不同主体、不同人群三大利益主体的行为特征和利益诉求进行了详细分析。最后运用博弈论方法,对三大利益主体的博弈行为进行了学理分析,阐述老年人口与健康资源空间匹配不平衡的成因问题。

第7章是老年人口与健康资源空间匹配路径研究。本书从空间匹配路径构建的原则、空间匹配机制构建的目标、空间匹配的具体措施三个维度进行了研究。首先要对空间匹配机制的原则进行深入的思考,对“质”“量”匹配、公平和效率等问题进行分析。其次空间匹配机制构建要基于老年人口需求的健康资源配置为目标定位,明确政府在公共资源供给上的定位和角色,建立健全老年人口需求表达机制,建立多方主体参与的老年人口需求解决机制等。最后在考虑静态和动态匹配的背景下提出加强老年人口分布趋势预测、均衡财政配置、构建基于老年人口特征的配置模式和构建资源共享等方面提出解决的路径思考。

第8章是结论及有待进一步研究的问题。在本书前面章节研究的基础上,提炼和概况本书研究的结论,并就本书进一步探讨的问题进行阐释和归纳。

具体技术路线图如图1-2所示。

1.4 研究创新之处

本书以当前学术界的相关理论与实证研究为基础,对老年人口与健康资源空间匹配这一问题展开了讨论,可能存在的创新点如下:

1.4.1 研究视角

在公共资源优化配置的现有研究中,大多运用政治、经济、社会等制度分析

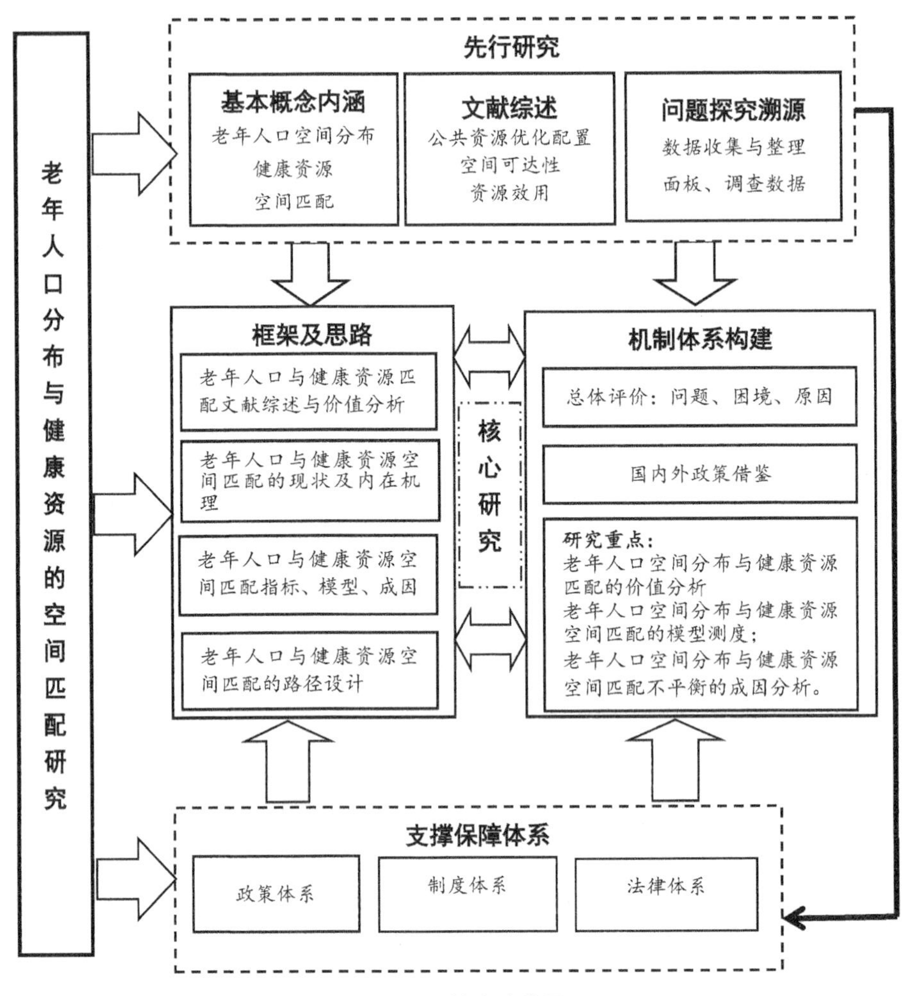

图 1-2 技术路线图

的视角，这是当前学术界的主流思想。然而这种制度结构论，忽略了空间结构对公共福利资源配置的影响，将空间看作资源配置的外生变量而非内生变量。

本书将空间作为资源配置的内生变量，从空间的视角分析老年人口与健康资源匹配问题。空间效应普遍存在于人口社会资源领域，不能忽视空间因素这一重要变量。探究老年人口健康需求与健康资源供给的空间匹配关系，对老年人口健康资源空间效用进行研究，具有一定的创新性。

1.4.2 学术观点

首先，本书认为老年人健康资源需求与供给的空间匹配是老年人口与健康资源空间匹配的本质，要透过现象看到老年人口健康资源这一公共服务资源的需求和供给问题；其次，空间动态匹配是老年人口与健康资源空间匹配的核心，既有增量的匹配也有存量的匹配问题，既有静态的也有动态的匹配问题，而动态匹配更为重要。老年人口与健康资源的空间匹配既是“量”的问题，更是“质”的问题，空间匹配更聚焦于“质”的方面；不同利益主体的利益博弈是老年人口与健康资源空间匹配不平衡的主要原因，归因于理念、制度和政策的偏离；从不生病就是健康的生物医学到生理、心理、社会三位一体大健康系统，这是在新的时代背景下，人类对健康深化认识的必然结果，对健康老龄化和积极老龄化目标的实现具有重要的价值和意义。以上学术观点有一定的创新性。

1.4.3 研究方法

利用层次分析法、模糊数学、GIS空间分析、可达性分析、GM(1.1)灰色预测模型等定量分析方法，构建匹配度模型，对老年人口与健康资源空间匹配的“量”和“质”进行了定量测算，用并系数区间的方法，对匹配度进行了动、静态模拟测算，有一定的创新性。本书尝试构建一套以可获取的数据为基础的老年人口与健康资源空间匹配的指标体系，并以上海市为例，用该指标体系对上海市老年人口与健康资源空间匹配状况进行评价。用GIS空间可达性评价方法，综合评价上海区域老年人口健康资源优化配置的学术研究尚不多见。

第2章　理论回顾与文献综述

对老年人口与健康资源的空间匹配研究，开展系统的学术史梳理，是研究的前提和基础。基于软件对“老年人口”“健康资源”“空间匹配”等学界研究文献进行学术可视化分析，掌握研究热点和变化规律。并在此基础上，对国外的人口老龄化、健康经济学、空间经济学等理论进行了阐释，对国内人口与资源空间匹配的理论和实践进行系统的学术梳理。

2.1　文献情况概述

2.1.1　文献检索范围分析

进行学术史梳理是本书研究的第一步。通过大量的文献检索，撰写文献综述，这是本书研究的前提。

老年人口与健康资源的空间匹配研究，涉及老年人口和健康资源两大主体，核心关键词是空间匹配研究。首先要对匹配的内涵和渊源有清晰的认知，匹配包含三个层次即数量、类型和空间，本书讨论的主要是空间匹配问题。匹配最早来自古典的婚姻匹配问题，如门当户对等现实中的说法。后来发展到社会生活的不同领域，对不同对象的双边匹配问题进行大量的研究。研究的领域涉及方法、机制、模型、路径等各个方面，学术界的这些研究成为本书研究的重要文献资料和基础，本书在此基础上进一步对老年人口与健康资源的空间匹配问题进一步研究。

总之，本书的研究文献涉及以下几个方面：一是老年人口、人口老龄化、人口地理等方面的文献；二是健康、健康资源、健康地理学等方面的文献；三是关于空间匹配等方面的文献。

2.1.2 相关文献情况分析

本书按照主要关键词和核心词句对相关文献进行了检索，中文以“老年人口”“健康资源”“匹配”“空间匹配”等为关键词，英文以“elderly population”“health resources”“space matching”等作为关键词通过 Web Of Science 进行了检索。使用中国学术期刊网全文数据库（CNKI）、万方期刊数据库、ScienceDirect、Springer、IEL 全文数据库、Proquest 全文数据库等中英文数据库进行文献检索。

截至 2017 年 12 月 31 日，从上述的中英文数据库中检索到与本书主题相关的文献如表 2-1 所示。

表 2-1 文献检索数据表

检索源	检索词	一般相关文献篇数	有效相关文献篇数	检索条件	时间
CNKI	匹配/老年人口/健康资源	276	92	篇名/关键词	2000—2017
Elsevier SDOS	space matching/elderly population/health resources	180	48	Title/Abstract/Keywords	2000—2017
Springer LINK	space matching/elderly population/health resources	56	46	标题	2000—2017
EBSCO	space matching/elderly population/health resources	78	52	Title	2000—2017
Kluwer	space matching/elderly population/health resources	50	35	篇名	2000—2017

（续表）

检索源	检索词	一般相关文献篇数	有效相关文献篇数	检索条件	时间
Informs	space matching/elderly population/ health resources	45	36	Title	2000—2017
IEL	space matching/elderly population/ health resources	56	40	Document Title	2000—2017
Wiley InterScience	space matching/elderly population/ health resources	10	6	Article Titles	2000—2017
PQDD	space matching/elderly population/ health resources	158	94	论文名称(TI)	2000—2017

2.1.3 学术趋势分析

以“老年人口”“健康资源”“空间匹配”作为检索的核心关键词，借用中国知网进行学术趋势可视化文献分析，主要通过学术关注度指标，对老年人口与健康资源空间匹配研究趋势进行跟踪研究。

首先对“老年人口”的学术关注度进行跟踪研究。借用中国知网学术趋势分析工具，对 1997 年至 2017 年之间所有与“老年人口”相关的学术论文等学术研究成果进行趋势分析，发现呈现逐年上涨态势，这与近年来人口老龄化成为世界各国研究的焦点问题相吻合，如图 2 - 1 所示。

其次对“健康资源”的学术关注度进行跟踪研究。借用中国知网学术趋势分析工具，对 1997 年至 2017 年之间所有与“健康资源”相关的学术论文等学术研究成果进行趋势分析，发现呈现逐年上涨态势，特别是 2009 年之后呈现急剧上升态势，这与近年来健康问题、资源配置问题成为学术界研究的热点相吻合，如图 2 - 2 所示。

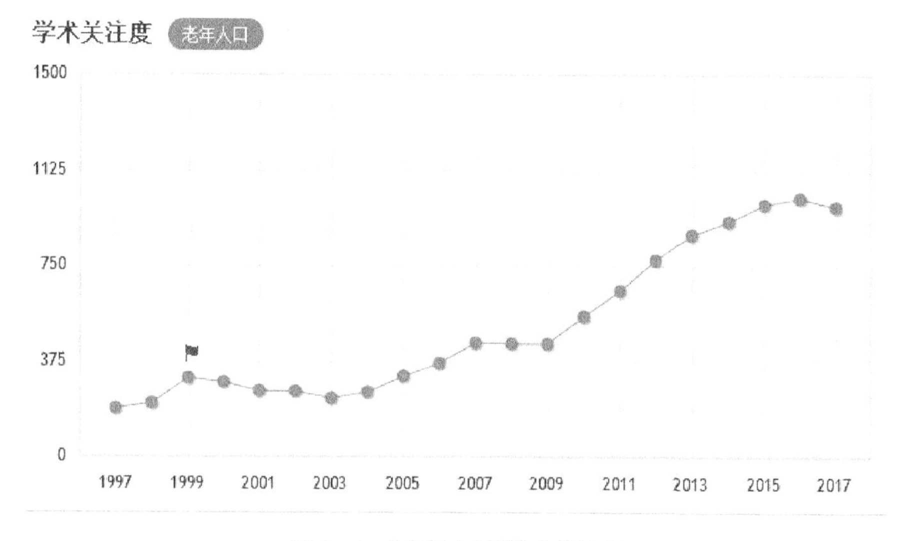

图2-1 “老年人口”学术关注度

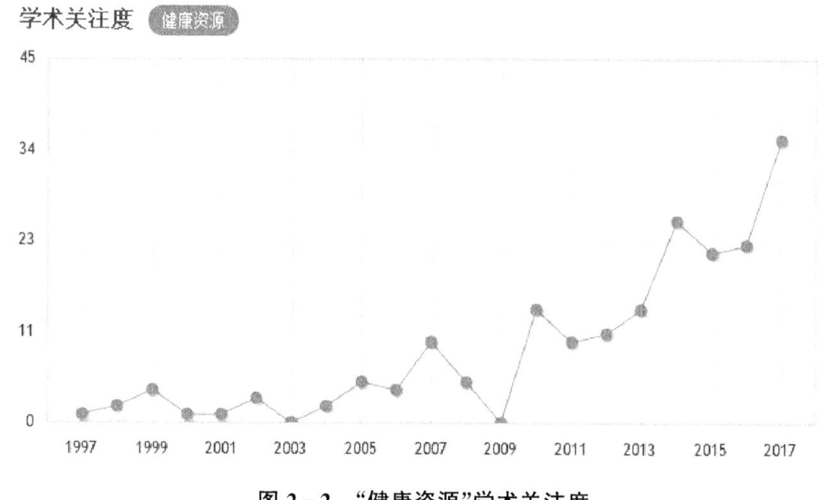

图2-2 “健康资源”学术关注度

最后,对“空间匹配”的学术关注度进行跟踪研究。借用中国知网学术趋势分析工具,对1997年至2017年之间所有与“空间匹配”相关的学术论文等学术研究成果进行趋势分析,总体呈现上涨态势。匹配在经济学领域、管理学领域、社会学领域等广泛应用,如图2-3所示。

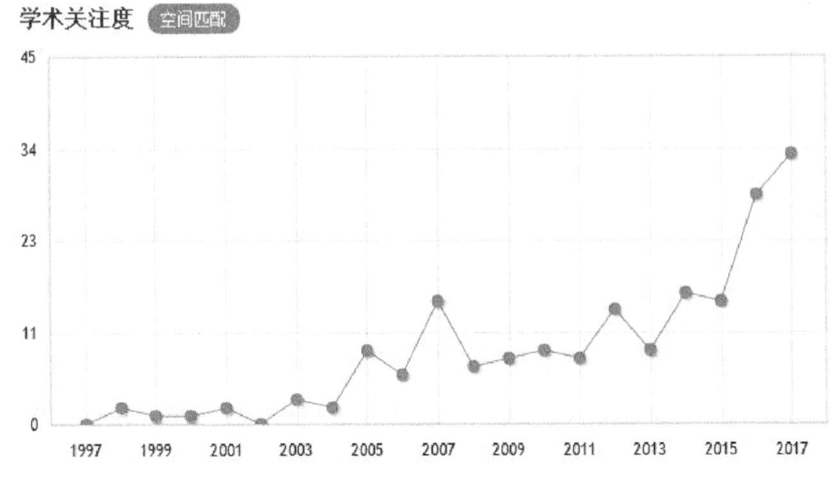

图 2-3 “空间匹配”学术关注度

综上，从 1997 年到 2017 年，三大主题的学术关注度都呈现了较大幅度上升，“老年人口”“健康资源”“空间匹配”等主题都成为学术界研究的热点，更多的学者开始越来越重视这些主题的研究，这也从侧面说明了本书研究的价值和意义。

2.1.4 热点研究主题的可视化分析

为了确保数据资料的完整性和可靠性，本研究选择了中国知网数据库(CNKI)中的期刊论文作为数据样本。在 CNKI 检索页面选择“高级检索”，检索主题为“老年人健康”，检索时间为 1997 年 1 月 1 日至 2017 年 12 月 31 日。经人工筛选，来源限定为北大核心、CSSCI、SCI 来源期刊，剔除非相关性论文、报刊以及会议等，共获取有效文献 2115 篇，构成本研究的样本。

利用 CiteSpace 软件，对 2115 篇样本书献进行科学知识图谱绘制与可视化分析。CiteSpace 可对某个领域内的文献进行计量，通过研究主题的关键词词频、词汇的突发性等功能，以发现和挖掘特定领域研究热点、演化路径及发展趋势。CiteSpace 提供了多种功能图谱的选择，包括合作图谱、共现图谱、共引图谱、突现词探测等。评判知识图谱的效果有两个指标，一个是聚类模块指数(Q 值)，另一个是聚类轮廓指数(S 值)。Q 值的取值区间为(0，1)，当 Q 大于 0.3 时就认为得到的网络模块结构是显著的。S 值是评价网络同质性的指标，S 值接近 1 时，说明网络的同质性较高，当 S 值大于 0.5 时，可以认为聚类结果是合理的。在运行 CiteSpace 软件后，在功能界面将区时区跨度分割(time slicing)设定在 1997—2017 年，且单个时间分区(years per slice)为 1，时间切片的阈值 Top 为 50，使用 Cosine 算法。网络节点类型(nodes type)选择为关键词(key word)，调整相应参数“threshold：1，front size：15，node size：30”得到图 2-4，即我国“老年人健康”研究的关键词共现图谱。

图 2-4 中共形成了 496 个节点、741 条连线，其中，各条连线表示关键词之间的联结共现关系。在该关键词共现图谱中，节点大小与关键词频次多少成正比，节点越大频次越高。如图 2-4 所示，各关键节点与其他节点的连线非常频繁。这是因为关键词数量比较多，因此图谱中呈现的连线较为密集，这与关键词本身数量较多有关。图 2-4 中出现了老年人、心理健康、体质健康、养老机构、养老保险、影响因素等字号较大的关键词，这表明这些关键词在 2 115 篇文献中出现的频次高。但图 2-4 中还出现了其他字号相对较小的关键词，如农村、生活方式、危险因素等，说明学者对其他的话题仍然有关注。结合两张图中的相关关键词数据能够分析得出核心研究圈有关老年人健康的主要研究领域。

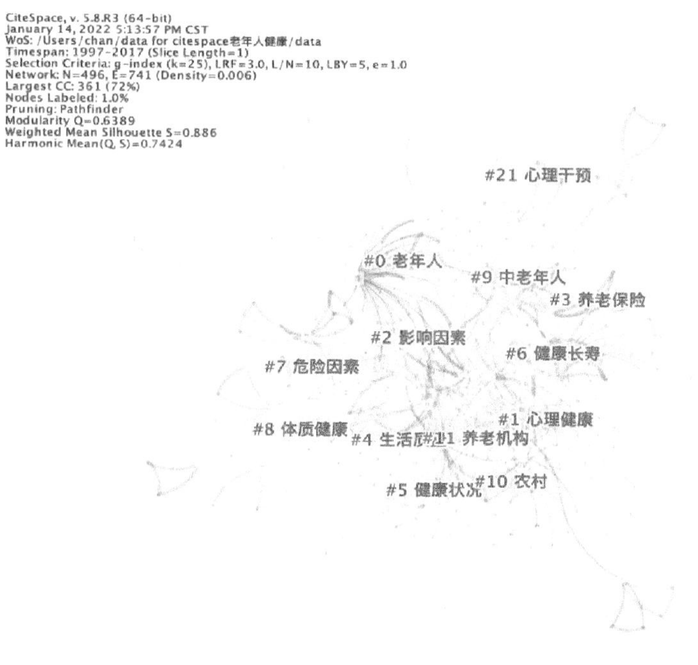

图 2-4 “老年人健康”研究的关键词共现网络知识图谱

图 2－4 中的关键词较多，为了提高老年人健康研究领域的精确度，本书借助 CiteSpace 的关键词聚类功能，将图 2－4 中联系较为紧密的关键词进行汇总形成聚类，得到如图 2－5 所示的关键词聚类图谱，老年人、心理健康、体质健康、养老机构、养老保险等关键词占据前几位。聚类图谱侧重于体现聚类间的结构特征，突出关键节点及重要连接。CiteSpace 依据网络结构和聚类的清晰度，提供了模块值（Q 值，即 Modularity）和平均轮廓值（S 值，即 Mean Silhouette）两个指标，当 Q 值>0.3 时，聚类结构就是显著的；当 S 值达到 0.7 就可认为聚类是令人信服的。图 2－4 左上角的数据显示 Q 值$=0.6389$，S 值$=0.886$，因此该聚类图谱的聚类结构十分显著，且结果令人信服。

图 2－5 “老年人健康”关键词聚类图谱

为了避免研究主题重复，进一步将语义相近的关键词及其中心性进行研究，中心性越大说明该关键词具有越强的关键词合并。结合 CiteSpace 软件“Export”选项中的“Net Work Summary Table”得出的数据最后统计出排在前 30 位的高频关键词影响力，如表 2－2 所示。

表 2－2　老年人健康研究关键词及中心性

序号	关键词	频次	中心性	首现年	序号	关键词	频次	中心性	首现年
1	老年人	490	0.64	1997	16	健康知识	22	0.01	1997
2	心理健康	187	0.14	1997	17	养老保险	22	0.04	1997
3	影响因素	105	0.07	1997	18	农村	21	0.05	1998
4	健康状况	101	0.16	1998	19	健康管理	21	0.02	2010
5	健康资源	65	0.14	1998	20	身心健康	21	0.02	2013
6	中老年人	46	0.05	1997	21	社会资本	21	0.02	2013
7	慢性病	42	0.03	2003	22	养老机构	20	0.02	2009
8	健康行为	40	0.04	1997	23	自评健康	19	0.02	2009
9	社会支持	38	0.05	2005	24	健康素养	19	0.01	2010
10	老龄化	32	0.07	2009	25	体育锻炼	18	0.01	1997
11	医疗保险	32	0.02	1997	26	医养结合	18	0.01	2015
12	健康自评	30	0.04	2003	27	家庭支持	17	0.01	2009
13	健康教育	28	0.04	1999	28	健康体检	17	0.05	1999
14	健康资源	27	0.06	2010	29	代际支持	17	0.01	2006
15	生活质量	23	0.03	2002	30	老年健康	16	0.01	2001

数据来源：中国知网数据库(CNKI)。

结合图 2－4、图 2－5 和表 2－2，研究发现近 20 年关于老年人健康领域的研究主题可归纳为几类：第一，老年人健康有关主体方面研究。此类别的高频关键词包括“老年人”“中老年人”“家庭支持”“社区”“社会支持”等。强调全社会各种主体，为提高老年人健康水平提供政策支持，这是本书研究的重要方面。第二，老年人健康内容方面研究。此类别包含的关键词有“心理健康”“健康体检”“健康管理”“健康教育”“健康自评”“健康知识”“慢性病”等，反映老年人健康研究内容日趋丰富多元，实现老年人健康预防、健康干预、健康护理的有机融合，实现老年人口健康资源最大化。第三，老年人健康效果方面研究。此类别的高频关键词包括“影响因素”“生活质量”“健康资源”“身心健康”“健康素养”“运行机制”“医养结合”等，这些关键词聚焦老年人口健康研究的效果、机制等，更加强调高质量的老年健康生活成为研究的新方向。

将关键词共现图转换成为关键词时序图谱，结合 CiteSpace 软件总结的

1997—2017 年出现的研究爆发点，对老年人口健康研究的演变进行可视化分析，对“心理健康”“养老保险”“生活质量”“健康状况”“养老机构”“中老年人”等有关“老年人健康”研究的关键词以时间线路图的形式进行展示，具体如图 2 - 6 所示。

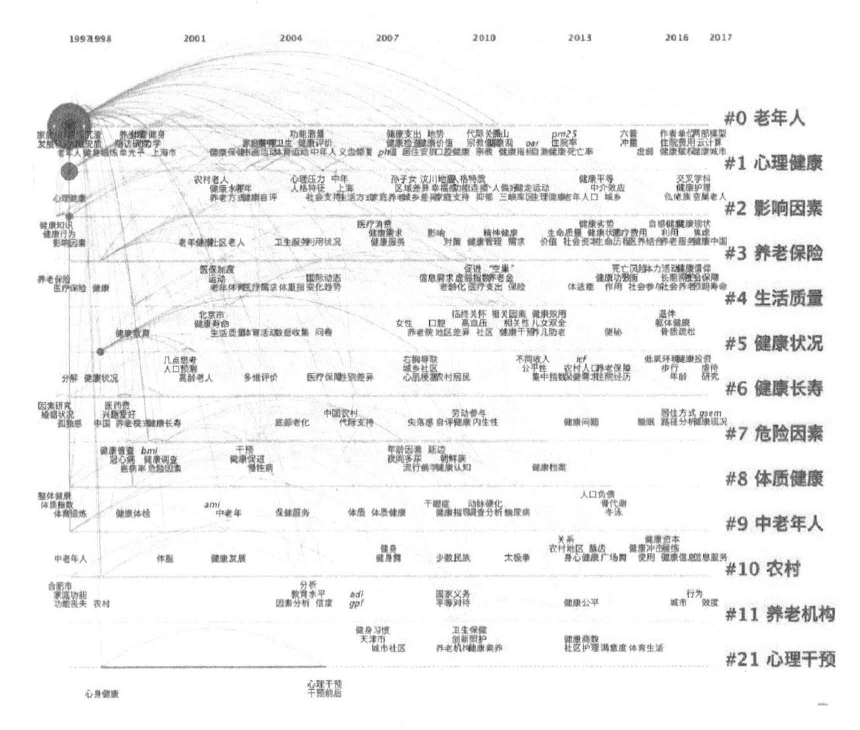

图 2 - 6 “老年人健康”1997—2017 年时间线路图

由图 2 - 6 研究的时间线路图所示，1997—2001 年形成了第一个研究高峰。主要围绕老年人健康知识、健康行为、健康教育、健康体检、心理健康等方面形成了研究爆发点，意味着随着人口老龄化的发展，我国人口老龄化的研究也进入了一个新的阶段，健康老龄化成为学界研究的焦点。

2002—2011 年围绕养老保险、生活质量、健康长寿、危险因素、体质健康、健康知识、健康行为、健康促进等内容形成了研究爆发点，成为老年人健康研究的第二个高峰期。这一阶段我国人口老龄化进程进一步加速，对社会的方方面面产生了挑战和影响。学界对老年人健康的研究也呈现多元化，研究领域不断拓展，研究学科呈现交叉趋势，医学、社会学、地理学、人口学等多学科研究成为这一阶段研究的新特点。

2012年至今，则围绕健康资源、健康管理、健康体系等形成了新的研究爆发点，标志着老年人健康研究进入了高质量发展阶段。十八大以来，我们国家提出了包括《健康中国战略》在内的多种各种战略和措施，来积极应对人口老龄化，老年健康资源配置进一步优化，医疗保障体系和健康管理体系进一步完善，老年人口健康研究进入高质量发展的新阶段。

2.2　国外相关理论与经验研究

2.2.1　人口老龄化理论

当前人口老龄化已经成为全世界关注的焦点问题，无论是学术界还是各国政府，都越来越重视这一世界问题，也是世界难题。从理论上对人口老龄化问题进行梳理，这对人口老龄化问题的实证研究具有重要的指导价值。

围绕人口老龄化这一问题，学术界从理论上进行了诸多研究，总体可以概况为三大阶段：以"脱离理论"为代表的人口老龄化理论初级阶段、以"健康老龄化理论"为代表的人口老龄化发展阶段、以"积极老龄化理论"为代表的人口老龄化机遇阶段。

首先是以"脱离理论"为代表的人口老龄化理论初始阶段。"脱离理论"最早是来源于西方社会学的功能主义学派，也可以成为社会撤离理论。美国学者库明(Blaine Cumming)和亨利(Wiliam E. Hery)是这一理论的重要代表。该理论的核心观点是认为人的能力与年龄成反比例关系，即会随着年龄的增长而不断下降。老年人因为年龄的增长，生理机能的衰退，能力的部分丧失，希望退出竞争压力大的角色，承担相对次要的社会角色。这一理论从表面看来，通过老年人主动撤离，有利于社会权利和机会的交接，老年人过上相对安逸和舒服的晚年生活，有利于社会的稳定。因此，该理论认为，老年人的主动撤离，对社会和老年人个人都产生了积极影响。该理论一经提出，就引起了许多学者的质疑和批评。同样来源于功能主义学派的美国学者考吉尔(D. Cowgill)和赫尔姆斯(L. Holmes)，提出了现代化理论也是这一阶段的典型代表。该理论认为随着现代化的不断深入，老年人地位下降、权利和社会角色的减少、不断的脱离社会是不可避免的发展趋势。虽然这一阶段也有比如罗伯特·哈维格斯特(Robert Havighurst)为代表的"活动理论"、科特雷尔(Cottrell)为代表的"角色理论"等积极看待老龄化的理论，但整体上呈现的还是传统的人口老龄化观点，老年人被当做社会的负担，老龄化社会的到来会给社会各个方面带来严峻挑战，不利于人类社会的发展，是一个“消极的老龄化”时代(Gergen，K.J.& Gergen，M，2000)。

其次是以“健康老龄化理论”为代表的人口老龄化发展阶段。人口老龄化是一种客观的社会现象，随着人们知识和认识的不断深化，对老龄化的理解也在从“消极”向“积极”转变。“健康老龄化理论”的提出就是这一转变的直接体现。长期以来对健康的理解都是从生物医学的角度思考，健康就是不生病，这是一种非常狭隘的健康理解。1947 年世界卫生组织认为健康是生理、心理和社会适应的综合体，健康的内涵和外延发生了巨大的变化。

“健康老龄化”这一概念最早是由世界卫生大会提出，成为应对人口老龄化战略则是在 1987 年举行的世界老龄大会上。1990 年世界卫生组织对“健康老龄化”有了更为全面和深刻的界定，认为既要涵盖老年人的生理、心理健康，也要考虑老年人的社会适应问题。“健康老龄化理论”强调社会生活的完善对老年人全生命过程的积极影响，其内涵主要包括以下几个方面：首先强调老年人个体，即单个老年人生理、心理和社会适应的健康；第二层意思是群体的概念，老年人群的健康，健康预期寿命的延长和与社会的协调等；第三个方面是更广意义上的健康，政治、经济、社会、文化体制机制等。如健康生活方式、健康的政策支持体系、社会参与机制等。在这一阶段，也有一种“成功老龄化”的理论，该理论强调降低疾病发生概率，认知功能和躯体功能优良，积极参与社会生活。(John&Kahn，1987)成功老龄化理论的核心在于身体健康，身体健康是“成功”的关键，实际上仍属于“健康老龄化理论”的重要组成部分。“健康老龄化理论”是人口老龄化理论认识转变的重要理论，使人类客观的看待人口老龄化这一社会现象，具有重要的时代价值和意义。但该理论尚未涉及老年人的权利和权益，这是其存在缺陷和不足的地方。

最后是以“积极老龄化理论”为代表的人口老龄化机遇阶段。进入 19 世纪 90 年代末，基于社会权利的思想，一种比“健康老龄化理论”更加全面的积极老龄化理论被提出。“积极老龄化”概念最早在 1997 年西方丹佛七国会议上被提出，后在 2002 年世界卫生组织出版的《积极老龄化：从论证到行动》书中得到明确确认。在 2002 年召开的第二次世界老龄大会上正式将“积极老龄化”作为大会公告进行发布。

与“健康老龄化理论”相比，“积极老龄化理论”更重视老年人权力和权益，老年人有获得社会资源的权利，有全面参与社会生活的权利，老年人不是社会的负担，相反是社会的发展动力之一。“健康”“参与”“保障”是“积极老龄化理论”的三大内容，除了继承“健康老龄化”和“成功老龄化”的理念之外，从更积极的视角，增加了“保障”。强调老年人“参与”，不仅仅指经济参与，还有社会、公共事务等领域的参与权利。全方位的强调老年人是社会财富的创造者，是社会发展的贡献者。从此，人们以更加客观和积极的视角看待人口老龄化，人口老龄化迎来重要机遇期。之后，积极老龄化理论在世界上很快流行开来，成为各个国家解决人口老龄化问题的重要理论参考。

2.2.2　健康地理学理论

运用地理学的理论和方法，对健康、疾病、医疗等进行研究，已经成为地理学研究的热点话题。医学地理学于 1951 年被纳入地理学学科体系，已经发展成为一门比较成熟的学科。Meade M，Florin J，Gesler W.（1988）对自然环境与人的身体健康之间存在的内在关系进行研究，这是传统健康地理学关注的焦点，还对疾病地理差异、医院等医疗设施、资源的空间分布等内容展开了诸多研究。随着经济社会发展，医学地理学开始转向人本主义，更加关注人的心理、精神健康，探究地理差异背后的社会、文化渊源。Kearns（1993）认为健康地理学在医学地理学的基础上发生了革命性的变化，无论是其地点理论等研究理论的引用，还是对社会文化地理等新的研究内容和方法的涉猎，都使得健康地理学得到长足的发展。医学地理学发展成为健康地理学，社会环境对人类的健康的影响成为其研究的重心，这为研究老年人口与健康资源的空间匹配提供了重要的理论支撑，具有重要的价值和意义。

首先，理论基础。健康地理学非常重视地点理论，借用多学科理论来研究健康地理问题。Kearns（1993）认为地点理论是社会文化理论与地理学理论合成创新的产物，其关注一定区域场所内产生的压力对人类健康的影响，建立健全医疗保健场所对社区居民地方感有重要的影响。传统医学地理学更加关注宏观层面人与环境的协调，而健康地理学更重视微观层面，居民居住地场所对居民健康的影响。健康地理学更加强调多学科协同，将社会学、人类学、人文地理学等学科与地理学进行融合，强调多学科协同。

其次，研究内容。健康地理学将研究的重心从自然环境转为社会环境，探究其对人类健康的影响。主要研究内容有：政府健康政策、社会环境特别是社区环境对健康的影响、健康的空间公平性，对女性、老人、儿童等弱势群体健康的关注、健康旅游等。如 Stephanie，Nancy（2006）认为收入和地位差异会影响居民健康水平。传统医学地理学重视自然环境对人类健康的影响，健康地理学更偏向于社会环境，如政策制度、社会环境差异、健康服务可达性、特殊人群健康等。所有影响健康社会环境构建的因素，都是其研究的对象，其中就包括各类健康资源的空间分布。

最后，研究方法。健康地理学与医学地理学相比，更强调定性研究方法。传统医学地理学以定量方法为主，如生态学方法、医学地理制图、地理区划、模拟实验、GIS、遥感技术等，被广泛应用于医学地理学的疾病分析、医疗资源空间分布等研究领域。健康地理学在确定社会环境是影响人类健康的主要因素之后，更多的思考政治、经济、文化等因素对健康的影响，更多的用人本主义的观点来思考健康问题(Curtis & Riva，2010)。他们认为在这些“人本”领域，使用定量方法，略显冷漠和不确定性。而使用更具人文情怀的定性研究方法，则更恰当和合适。当然健康地理学中不乏医学地理学的定量分析，这也体现了健康地理学并不完全排斥定量研究方法。

空间可达性理论研究。这一概念最早由 Hansen(1959)提出，他认为可达性是交通网络中各个不同节点间相互作用的机会的大小。不同学者也有不同理解。例如，Ingram(1971)认为，可达性是到达终点所付出的努力；Wachs 等(1973)认为，可达性是从某一位置所获得的资源、服务等的数量；Wang(2012)认为，可达性是获取服务、资源等的方便程度。对可达性理解的不同源于可达性研究领域的扩展和测量方法的进步，但可达性的本质是“两点之间交流的难易程度”。本研究中的“老年人口健康资源可达性”是指老年人口从居住地出发，获得老年健康资源的距离，距离越长则空间可达性越差。目前，空间可达性仍存在多种理解方式，其中一种理解是，从某一位置所能获取的服务、活动、资源等的数量。它反映的是不同地区的群体对某一特定社会服务设施接近程度，体现出社会服务空间布局的公平性。有的学者认为，可达性是克服空间阻隔的难易程度，如果某一地方到其他地方的空间阻隔大，则该点的可达性差，如果空间阻隔小，则认为该点的可达性好。也有学者认为，可达性是在单位时间内所能接近的发展机会数量。若能接近发展机会多，则该点的可达性好；反之，则该点的可达性差。还有学者认为，可达性是相互作用的潜力。若某一点所受的相互作用力大，则该点的可达性好；反之，则该点的可达性差。有些学者甚至认为可达性应是指人的交通能力，如富人比穷人的可达性好，体格健全者比残障人士的可达性好。还有的学者从消费者剩余的角度来分析出行所产生的效应，如果出行产生的效应大，则认为可达性好，反之，则差。后两种对可达性的理解均是从出行者的个人角度出发的，强调出行者的社会、经济及生理能力对可达性的影响，并不重点关注可达性的空间属性。由此可知，通过空间可达性分析，能够对社会服务设施的空间布局进行视察，判别缺乏相应社会服务设施的区域并加以关注，以此提高社会的整体公平性。

从重视疾病分布研究的医学地理学，发展到重视社会环境研究的健康地理学，具有划时代的意义。健康是生理、心理和社会和谐的综合状态，其中更为重要的是社会环境对健康的影响，特别是当前社会转型期各种社会压力、资源配置等对人类健康产生了重要影响。而老年人口与健康资源的空间匹配，是健康地理学研究的重要内容，健康资源的空间配置情况，对老年人口健康有重要的影响。

2.2.3 空间经济学理论

长期以来经济学和地理学，彼此之间存在着不应有的忽视。空间经济学的渊源可以追溯到德国的古典区位理论，开始探索资源在空间上的配置和经济获得空间区位问题。空间经济学从最初的德国古典区位理论，到新古典区位理论，再到新经济地理学，逐渐成为经济学界研究的热门主题，成为人们分析经济问题新的理论视角。在这一过程中，诞生了阿尔弗雷德·韦伯(Alfred Weber)、沃尔特·克里斯塔勒(Walter Christaller)、奥古斯特·勒施(August Losch)、阿隆索(Alonso.W)、贝蒂尔·奥林(B.G.Ohlin)、保罗·克鲁格曼(Paul Krugman)、藤田昌元(Masahisa Fjuita)、安东尼·J.维纳布尔斯(Anthony J.Venables)等一大批经济学家，他们为空间经济学的发展做出了重大贡献。

区域中心—外围模型、城市层级体系演化的城市模型、产业集聚和国际贸易的国际模型是空间经济学理论的三大模型。

首先，劳动力流动性与区域发展研究。经济学家认为劳动力流动性与区域发展是空间经济学中的一个重要内容。在讨论这一主题时，学术界对迪克西特—斯蒂格利茨垄断竞争模型、中心与外围、多地区与连续空间、农业运输成本等问题进行了深入的研究。在一个规模报酬递增起作用的模型中，都需要考虑市场结构问题，传统做法是假设规模报酬完全是外生的，而迪克西特—斯蒂格利茨垄断竞争模型则把一个不完全竞争的市场结构模型化。而中心—外围模型则是一种动态空间模型，从这个模型中我们得出了集聚经济如何从个体生产者水平上的规模经济、运输成本和要素流动三种要素互动中产生。并对离心力和向心力以及两者的合力进行了研究，这也是劳动力流动必须要考虑的因素。

其次，城市体系研究。空间经济学对城市空间经济进行了诸多论述。企业将会在由其他企业集聚而形成的市场潜力函数的极值点建立工厂是城市存在的原因，城市能够形成主要是农业人口不断增长导致人口向外扩张，使得制造商建立新的城市变得更有利可图(Weber，1909)。城市在发展的过程中会形成层级，主要是因为运输成本及商品规模收益的不同使得城市的层级不同。城市存在区位决策与需求分布、城市区位的维持与锁定、人口增长与城市形成城市层级等都是城市体系形成的关键词(Christaller，1933)。城市既是单中心的静态均衡经济体，又是动态调整与空间变化的，向心力和离心力之间的合力是这种变化的动力系统。

最后，国际贸易研究。世界是由不同主权的国家所构成，这些国家是不同的贸易地理单元，劳动力在各国之间的流动受到严格的限制，人口意义上的集聚很难发生。克鲁格曼(Krugman，1990)认为产业集聚主要是因为产业部门之间的关联效应，整个世界由于空间结构的自动发展变化，朝着专业化产业化方向发展。而国际经济中的生产地理结构与国家内部类似，特别是当运输成本发生变化时，可以发生质变。关联效应导致人口的空间非均衡分布，工资率和生活水平不平等的差异性，不均衡发展是世界经济发展的客观现象。随着一体化趋势的推进，运输成本等各种成本的降低，国际差异会逐渐降低甚至消失，更均匀的人口分布也更可能会提升经济福利水平。

空间不平衡和区域差异是空间经济学产生的现实条件，在经济思想中融入空间理念，是理论条件。通过对区域贸易、引力与贸易成本、核心—边缘结构、空间竞争、空间聚集的决定因素等空间、贸易和聚集问题研究，体现出空间经济学对当前经济社会有着深远影响。实现更多的大样本的实证研究，对空间经济与社会福利之间关系的探究可能会成为未来空间经济学研究的重要方向。

2.2.4 国外学术实践研究

国外直接聚焦老年人口与健康资源空间匹配研究的文献相对较少，围绕“人口老龄化”“人口分布”“资源配置”“健康地理”“空间经济学”等主题，进行了较多研究，形成了一大批研究成果，这些为本书的撰写提供了有价值的借鉴。

在人口老龄化问题的研究中，国外理论界从美国学者库明和亨利提出的“脱离理论”到约翰和卡恩(John & Kahn，1987)的成功老龄化理论，对老年人口地位和角色的认知和判断发生了重大改变，由消极转变为积极。国外学者对人口老龄化实践问题的思考，也是从消极评价到今天的相对客观和理性判断。

Cumming，Hery(1961)认为老年人由于其生理特征的缺陷，随着年龄的增长机能逐渐衰退，社会关系减弱、退出社会是一种合理社会现象。Borsch－Supan(2003)则认为人口老龄化对劳动力市场会产生积极效应，资本会替代劳动力，在生产中发挥更重要的作用。Chris Ferguson(2011)认为人口老龄化会带来人力资本积累的积极效应，老年人健康水平的提高，对经济增长具有重大作用。

关于人口分布的研究，国外学者围绕人口分布、迁移的原因、影响因素等方面进行了较多思考。Ravenstein(1880)对人口迁移的规律进行了经典概括，短距离、阶段性等规律研究，成为人口迁移分布领域的重要观点。Hoyt(1939)最早从社会阶层流动的视角讨论了人口分布、流动的理论。R.Herberle(1938)提出了经典的"推力—拉力"理论模型，尝试分析人口分布迁移流动的原因。Deichmann(1997)认为区域资源的可达性，会对人口的分布迁移有重要影响。

国外主要从空间分布和社会公正两个角度，对不同人群、不同地区的健康差异和硬件、软件资源的可达性等内容进行了详细研究。Stephanie(2006)以加拿大城市为样本，对公园与居民健康的关系进行了跟踪研究，发现不同公园数量、设施等差异，会造成居民健康的差异。Neil(2005)以苏格兰居民为研究对象，对其收入与健康之间关系进行了详细研究，发现呈现明显的正相关关系。Kearns(1997)、Pearce(2006)对医疗设施的空间分布进行了详细研究，发现其更多地分布在富人区，穷人区健康资源的可达性较低。

在关于资源优化配置的研究中，国外起步较早，如对医疗、教育、科技、水源等领域的优化配置研究多有涉及。另外，从空间经济绩效的视角，有更多的学者开始关注资源优化配置的问题。Buras(1972)基于线性规划和动态规划，对水资源研究进行了分析。Haimes(1977)采用层次分析法，极大地简化了水资源系统的测算，探索了水资源优化配置的研究。Kim，Linsu，Dahlman，Carl J.(1992)通过构建市场、技术、动态三维视角，探究政府在科技资源配置中的作用机理，并提出了对策和建议。Paul Krugman(1990)提出了经典的"中心—外围"模型，探究空间在经济学研究中的重要价值。Fujita M 和 Mori(1997)对克鲁格曼的模型进一步完善，用向心力和离心力，对城市空间变化进行了集中分析。空间经济学在经济学和地理学得到了越来越多的专家、学者的重视，在"外部经济"分析一些经济现象的同时，把空间作为内生变量，用于一些社会问题的分析，展现出其越来越强大的生命力。

2.2.5 国外相关研究综述

以上是国外学术界关于老年人口、健康资源、空间绩效等问题的研究，人口老龄化理论、健康地理学理论、空间经济学理论的逐步完善和相互补充，为老年人口与健康资源空间匹配问题提供了理论指导。在人口老龄化、健康资源空间分布、资源优化配置等这些问题的学术实践研究中，积累了丰富的研究方法，开拓了研究思路。西方学者的研究是本书研究的基础，为本书的撰写提供了理论支持和实践参考。

国外的人口老龄化理论、健康地理学理论和空间经济学理论，将本书研究的价值和重要性一定程度上阐释了出来。但国外这些理论的阐释，并不能完全解释国内的老年人口与健康资源空间匹配问题，如国内老年人口“候鸟”迁移、国内人口的户籍依赖等。因此，必须结合中国的文化实践，从中国老年人的特征出发，充分考虑中国国情，进行具有“中国特色”的理论和实践，才能对此更好的解释和做更深入的研究。

2.3 国内相关文献研究

我国学术界关于老龄人口分布与健康资源空间匹配问题的研究，起步相对较晚。现有研究，对人口与资源的匹配问题进行了较多的理论和实践探索，主要围绕人口与资源匹配的价值、人口与资源匹配的公平与效率、人口与资源匹配的影响因素三大内容，形成了一大批经典的学术研究成果。其中既有共性的规律性探究，也有各个地方实践经验的特殊性研究，形成了理论探索和实证研究共同推进的良好学术基础，这为本书上海老年人口与健康资源的空间匹配问题的研究，提供了相关的理论支持和实证研究经验。概括起来，主要从以下几个方面进行了相关研究：

2.3.1 人口与资源匹配的价值研究

人口与资源匹配的价值在哪里？为什么要实现人口与资源的匹配发展？人口与资源的匹配，其重要意义如何？学术界围绕这些问题，从不同的学科视角，开展了相关的学术研究。

以邬沧萍、翟振武、杨云彦、姜向群、穆光宗等为代表的学者从人口安全等方面深入讨论人口和资源匹配的必要性和重要性，对探究老年人口与健康资源空间匹配的价值，提供了重要参考。邬沧萍(2005)认为人口与环境资源的协调发展，是人口安全的重要命题，而人口安全是国家安全的重要组成部分。人口与资源环境协调发展的研究，既要有规范分析又要有实证检验，建立完善的评价指标体系尤为重要。陆杰华等(2010)对我国人口安全形势与内容进行了详细分析，认为我国目前面临着诸多人口安全问题，如人口年龄结构问题、人口空间分布问题、人口性别问题等，只有不断加强人口与环境资源的协调发展，才能实现我国经济社会发展的长期目标。高杰等(2014)从国家安全的高度思考和理解城市发展和人口安全的关系，构建互动模型，认为人口发展要与社会经济、资源、环境等要素相协调，这有利于城市综合实力的提升和确保国家的总体安全。赵东霞等(2018)认为老年人口空间分布特征与资源优化配置研究，具有重要的国家战略意义。基于实证数据对东北三省的人口老龄化空间特征和养老资源空间匹配进行了深入研究，对完善我国积极应对人口老龄化的国家战略具有重要意义。傅才武、钱珊(2020)认为人类命运共同体的政策选择，是解决人口与资源安全问题的有效探索和实践，是一种中国经验和中国方案。为全球特别是发展中国家解决人口与资源失衡问题，提供了新的视角。何理等(2022)对水、土和人口的空间匹配进行了深入研究，认为这三者的匹配对粮食安全有重要的影响，并通过实证分析验证了这种相关性。确保国家粮食安全，事关国家的安全稳定，意义重大。

以童玉芬、杨云彦、牛文元、张象枢、郭志刚、周新城等为代表的学者主要从人口与资源环境之间产生经济效益等角度进行了详细研究。杨云彦(1999)《人口资源环境经济学》等著作的出版，标志经济学界开始更多的关注人口与资源环境协调发展的问题，人口与资源环境的经济价值成为学术界关注的热点。周新城(2000)将人口与资源配置、经济社会的可持续发展相结合，引发了学术界诸多学者的研究热潮，纷纷对人口、环境、资源等经济学问题进行深入研究。张象枢(2000)认为人口资源环境的经济学研究，扩展了传统的狭义上的物质资料生产，研究对象的多元化，需用综合集成的方法开展研究。人口与资源匹配的效益研究，除了经济效益还有社会效益，可持续发展成为研究的重要领域。在新的历史时期，一方面，有的学者从人口资源环境学科建设的角度(郭志刚，2000)，从学术科研创新的视角(邬沧萍、穆光宗，2000)开展了丰富的学术研究；另一方面，与时俱进的加强马克思主义政治经济学关于人口与资源效益的相关研究，如倪勇(1994)、史彦虎(2000)、刘坤亮(2001)等学者对两种生产者理论，李成勋(1998)、王永宁(2000)、陈志忠(2002)等人对自然力等相关理论的研究，都是中国特色社会主义人口与资源经济学研究的重要探索和实践。蔡绍洪等(2022)基于时空演化的视角，对我国西部地区的人口与资源的耦合协调度进行评价和测算，发现人口、资源和经济的协调指数有所上升，在不同的区域呈现较大的差异性。人口、资源和经济的协调匹配，对我国的地区经济发展意义重大。刘志强等(2022)运用系统分析方法，就人口、资源和经济的内在关系进行了深入研究，认为三者的耦合程度是新时代城镇化质量评价的重要组成部分，并基于实证数据对东部沿海五个城市群进行了实证研究。吴婷、易明(2019)认为人对经济的影响不仅仅取决于人本身的素质，更取决于人与技术、制度、环境等资源的匹配程度。基于这一思想，对我国 30 多个省市进行了具体实证研究，发现人与资源的匹配度是解释技术效率和经济高质量发展的重要纬度。孙晓云(2021)以流通业为分析对象，对人口空间集聚与公共资源优化配置在流通行业中的具体情况进行分析，构建评价指标体系，探究人口与资源匹配度对流通行业的影响，进而了解其对经济的影响，为城镇化高质量发展提供解决思路和建议。

翟振武、杜鹏、田雪原、彭希哲、桂世勋、李建新、朱宝树、吴瑞君等学者从人口社会学的视角，认为人口与资源的协调，有利于社会的可持续发展。翟振武(2010)认为人口与资源、环境的协调发展，有利于实现人口均衡型社会，这是社会可持续发展的重要体现。彭希哲(2011)就公共政策视角对我国的人口老龄化进行了深入分析，他认为人口老龄化是一种正常的社会现象，人口老龄化问题的产生是因为社会公共政策没有做好应对人口老龄化的准备，社会资源没有满足人口老龄化的特殊需要所导致。吴瑞君(2012)对老年人口与公共服务资源之间的动态关系进行了具体探究，老年人口的变动特别是空间分布的变化，引起了公共资源配置在空间分布等方面的矛盾，需要及时调整公共资源配置的指导思想、基本原则和具体措施，从而实现公共服务资源的动态优化资源配置，实现社会的稳定。邬沧萍(2013)对积极应对人口老龄化的理论进行概括和梳理，认为应该动员全社会资源，应对人口老龄化问题。王金凤等(2016)对贵州省人口与资源的综合匹配情况进行了实证分析，研究发现，人口与经济资源的综合匹配度不佳，经济和资源承载力相对不足，不利于贵州的可持续发展，因此需要提高人口素质，进行适度的人口迁移，促进贵州省可持续发展。曾雪婷、薛勇(2021)以北京为研究样本，运用 Laplace 混合政策模拟的方法，对超大城市人口与资源系统的可持续性进行了全面评价，对人口与资源的关系治理提供了解决思路。

以张振华、汪定伟、陈卫旗、王重鸣、邵祖峰、赵希男等为代表的学者主要从管理科学的视角进行研究，认为人口与资源匹配，有利于提高管理效率，特别是在人力资源管理领域中价值意义更大。邵祖峰等(2006)主要对岗位匹配进行了深入研究，特别是动态环境的岗位匹配问题。陈卫旗和王重鸣(2007)认为员工满意度和工作效率的关键在于人与组织的匹配。刘仲英等人(2004)从战略匹配的高度，对人与环境的匹配进行了深入研究，认为要根据环境变化，更新知识结构体系，从而实现内容和结构上的综合匹配。张强、张健明(2019)基于上海的统计数据，对老年人口与卫生资源的匹配情况进行了深入分析，认为优化老年人口与卫生资源的空间匹配，是提高老年卫生资源管理效率、实现公共服务均等化的重要举措。杨智威等(2019)以广州市为例，对人口空间分布与公共医疗服务的匹配度进行了综合评价，认为公共医疗服务资源应该覆盖城市常住人口，运用DMSP/OLS夜间灯光数据，对常住人口与城市公共医疗服务水平匹配度进行了测算。对常住人口进行公共服务均等会配置，这有利于城市管理水平的提升。

2.3.2 人口与资源匹配的公平与效率研究

公平与效率问题是当前经济社会发展所最追求的两大目标，成为学术界关注的焦点问题之一，公平是效率的前提，效率是公平的目标。公平与效率问题的研究，也贯穿于人口与资源匹配的系列问题中，李松龄、刘国华、吴克昌、张素芳、刘海峰等国内学者进行了较多的思考和探索。

李松龄(2002)是国内研究公平和效率问题的代表学者之一，他从古典经济学、自由主义经济学、凯恩斯主义等学科理论上对公平与效率问题进行了梳理，特别是对福利经济学中的公平与效率问题进行了详细研究。他认为，福利经济学最大的贡献在于提出了公平与效率的评价准则，如帕累托最优。这种公平与效率的评价可用于当前我国各种社会资源的配置领域。吴克昌(2010)对公平与效率的评价指标和影响因素进行了深入研究，提出了均衡模型，这种模型特别是在解决不同利益主体的博弈中，发挥了重要作用。张素芳(2005)就市场生产资源配置过程中的公平和效率问题进行了研究，公平的环境、市场的激励作用在资源配置中发挥重要的作用。刘海峰(2011)对教育资源配置中的公平与效率问题进行了深入的研究。对教育这一特殊领域当前注重公平、未来将转向公平与效率兼顾的发展目标进行了详细讨论。周芬芬(2008)利用利益博弈的相关视角，对农村中小学布局调整中公平与效率问题进行了相关研究。他认为中小学布局的调整强调了效率但对公平有不利影响，做出这种决策的根源在于不同利益主体的利益博弈。诸培新(2005)对农地非农化配置过程中，资源配置的公平与效率问题进行了研究。当前农地非农化资源配置，一方面强调了效率，提高了土地的利用价值，促进了经济发展；另一方面，也存在一定的负面影响，存在着农户社会福利的损失。在这一过程中，存在着各种主体利益的博弈，提出了市场配置和政府干预都要加强的对策和建议。孙敬水(2013)基于公平与效率的视角，对分配、经济和社会稳定之间的关系进行了深入研究，认为社会资源配置相对公平，则有利于提高经济效益，最终促进社会稳定。张馨予(2017)对我国医疗卫生资源供给过程中公平与效率问题进行了分析，运用因子分析、聚类分析等方法，对我国 31 个省市的医疗卫生资源配置和服务的供给效果进行了测度，发现我国医疗卫生资源供给的公平—效率指数不高，仍需要进一步基于人口分布进行结构、类型和空间的调整。

2.3.3 人口与资源匹配的影响因素研究

当前国内学术界对人口与资源匹配的影响因素这一问题展开了广泛的研究，从政府政策设计、经济发展水平、市场化水平、教育文化事业发展程度、资源设施建设、人口分布趋势等角度，对影响人口与资源匹配的相关因素进行了深入的讨论。

以张耀军、童玉芬、柏中强、张善余、王桂新、丁金宏、高向东为代表的学者，对人口分布的影响因素进行了深入的研究。张耀军(2015)基于 GWR 的方法，对京津冀的人口分布影响因素进行了测度。认为人口分布的不均衡影响了区域经济的可持续发展，而自然、经济和社会元素对京津冀地区的人口分布具有重大影响。童玉芬(2016)以北京为研究样本，对影响北京人口分布的因素进行了概况和总结，认为居民生活水平、就业和教育资源对人口集聚有较大影响，而经济发展水平、房价对人口扩散有重要影响。王桂新(2013)以“六普”数据为样本，对我国流动人口空间分布的影响因素进行研究，发现人口规模影响省内流动，经济发展水平、空间距离等因素影响省际迁移。

杨林、李思赟、宁越敏、李珍、汪泓、林晨蕾、俞乔等学者对资源特别是健康资源配置，进行了较多的研究和思考。杨林、李思赟(2016)运用结构方程的方法，对城乡医疗资源的配置进行了测度。其中人力和物力资源对城乡医疗资源配置有较大影响，特别是人力资源的投入；医疗服务水平、居民消费喜好对居民医疗资源享受程度有重要影响。李珍(2011)认为加强基层医疗服务资源配置，强化首诊制，是破解当前看病难看病贵问题的重要举措，可以实现优化医疗资源配置的目标。

在对人口分布影响因素和健康资源影响因素分析的基础上，周毅、童玉芬、田雪原、翟振武、穆光宗、封志明、吴瑞君、李建新、杨云彦等学者对人口与资源匹配的影响因素也从不同的学科，展开了系列研究。周毅(2000)认为人口与资源的协调发展，是当前经济发展的重大命题。传统工业模式是一把双刃剑，需要重新思考发展模式这一因素，实现人口、资源环境匹配。童玉芬(2008)运用模糊数学的方法，对中国西北部地区的人口与资源环境协调匹配程度进行了测度，并提出了完善协调匹配的对策建议。穆光宗(1990)对人口的快速增长影响了生态环境这一问题进行了讨论，认为环境问题和资源的稀缺，不能完全归因于人口的快速增长，人口与资源的关系不是对立关系。顾佳丽(2013)以浙江省为研究样本，对人口重心和经济重心进行了测度，对两者之间的匹配关系进行论证。发现科技水平、医疗卫生水平、经济发展水平是影响两者匹配的重要因素。门小红(2014)认为政策，特别是适度的人口政策，科学文化水平、合理的人口分布等因素对人口与资源的匹配具有重要影响。

2.3.4 国内相关研究综述

国内学术界直接聚焦老年人口与健康资源空间匹配的研究相对较少，但是围绕老年人口分布、健康资源优化配置、人口与资源的协调发展等方面的研究相对较多。这些相关主题的研究为本书研究内容的设计、研究思路的拓展都起了重要作用。

国内学术界围绕老年人口分布、健康资源优化配置的研究，实证分析居多，理论探究较少。围绕人口与资源的公平与效率问题、人口与资源匹配的影响因素等方面的实证研究，为本书的实证分析提供了支撑。而关于人口老龄化、健康经济学和地理学等方面的研究，稍显不足。

综上，国内学术界关于老年人口与健康资源空间匹配相关主题的研究，从理论和实证两个方面进行了深入探究，开拓了研究的视野，支撑了相关研究内容。本书将以上海为研究样本，对老年人口与健康资源的空间匹配问题进行详细研究。

2.4 文献述评

通过对老年人口与健康资源空间匹配问题的文献研究，发现学术界对这一问题从不同的学科视角进行了诸多研究，形成了许多有价值的研究成果，这是本书研究的基础。关于老年人口与健康资源的匹配问题，当前学术界从空间视角进行研究的文献还比较少，下面对已有的文献进行分析和综述。

2.4.1 已有成果的主要贡献

已有的关于人口老龄化、健康地理、人口健康、空间经济等方面的学术讨论，为本书选题、研究内容、研究框架的制定和修改，提供了重要参考。具体贡献如下：

首先，为本书主题的提炼提供了问题导向和现实依据。现有的人口老龄化问题研究、健康资源空间分布的健康地理学研究、老年人口健康管理研究、健康资源优化配置的空间经济绩效等问题的研究，为本书确立问题意识，确立老年人口与健康资源空间匹配主题，提供了现实依据和参考。

其次，指明了本书研究主题的重要价值和意义。当前人口健康、积极老龄化、实现有限健康资源空间绩效都具有重要的时代价值，而本书的主题正是建立在以上几个关键词基础之上，研究老年人口与健康资源的空间匹配问题，在健康资源有限的当下，尝试为人口老龄化难题的解决提供政策建议，具有重要的时代价值和意义。学术界的研究，为本书主题的确立指明了方向。

最后，为本书的研究提供了理论支撑和方法借鉴。人口老龄化理论、健康地理学理论、空间经济学理论为本书的研究提供了理论分析框架。空间匹配既是量的分析，更是质的研究，动态空间匹配是本书研究的关键。方法方面，健康地理学用 GIS 等空间分析方法，为本书的撰写，提供了方法支撑和借鉴。

2.4.2 已有成果的不足之处

当前，学术界对老年人口与健康资源空间匹配问题的研究，尚处于概念思考的初步研究阶段。已有的各个分模块的研究，都对本书的研究有重要的启发。但对于老年人口与健康资源空间匹配这一问题的研究，尚缺乏系统的、清晰的判断，存在的相对不足之处如下：

首先，对老年人口与健康资源空间匹配问题的理论提炼和分析相对欠缺。目前学术界虽然对人口与资源的研究有涉及，但更多的是实践研究，从理论上对老年人口与健康资源匹配的必要性、匹配的机理等分析的还不够透彻。在本书的研究中，对老年人口与健康资源的匹配价值和必要性，匹配不平衡的内在机理从理论上进行了深入的思考，在理论方面是一次有益的尝试。理论上的思考比实践的检验更难，更富有价值，这是当前对这一主题研究，存在的不足之处。

其次，从空间视角对人口与资源问题进行深入研究相对不足。当前无论是管理学领域的双边匹配还是经济学中的效益匹配，都更多地考虑时间因素，进行空间分析的相对较少。仅有的匹配研究更多地从“量”的视角进行思考，很少从“质”的视角进行深入思考，这使得研究停留在规模数量研究的浅层次，难以进入到结构、空间等深层次。

最后，实现老年人口与健康资源空间匹配的方法相对欠缺。现有的关于双边匹配问题的文献，更多的是使用定性的研究方法。仅有的有使用定量分析方法的文献，方法也相对单一，如多目标决策方法等。使用空间分析方法、模糊数学的方法、层次分析法、博弈论分析方法等多方法预测分析的文献数量很少。综合利用多种方法，对老年人口与健康资源空间匹配进行动态预测和分析的文献则更少，这都是本书需要进一步研究的内容。

第 3 章　老年人口与健康资源空间匹配的价值分析

老年人口与健康资源空间匹配的学理价值是开展研究的前提和基础。探究老年人口与健康资源的空间匹配在理论上有何价值？是否对现有的研究有理论上的创新和发展？另外在实践中有何价值，在现实中有哪些困境和瓶颈？这都需要对老年人口与健康资源空间匹配的价值进行研究和分析。

3.1　老年人口与健康资源空间匹配的理论价值

3.1.1　积极老龄化的价值取向

老年人口分布与健康资源的空间匹配问题，是老年人口健康资源的供给和需求在空间上的均衡问题，是面对当前日益严重和加速的老龄化问题的一种路径探索。从 20 世纪 90 年代末到 21 世纪初，国际人口学界、社会学界先后提出了健康老龄化理论和积极老龄化理论。

首先，基于大健康理念的健康老龄化理论。世界卫生大会最早提出“健康老龄化”概念，而成为一项老龄化战略是在 1987 年举行的世界老龄大会上。我国著名人口学家、老年人口学会会长邬沧萍教授在 1993 年北京举行的“健康老龄化”学术会议上进一步深入解读了健康老龄化理论。其中应该具有以下几个方面内涵：以生命质量作为老年保障的目标；以大健康思想为指导，涵盖预防、康复、饮食、体育、环境保护等环节，不是某一环节实现就代表健康，而是整个健康系统和体系的完善。也有学者佟新(2006)认为健康老龄化是老年人将疾病不能自理的时间推迟到生命的最终阶段，尽可能保证躯体、心理和社会协调的状态。仅仅是躯体健康还不够，需要心理、社会协调等协调存在。这些都为积极老龄化理论的提出，提供了重要的借鉴意义。

其次，更重视老年人权力的积极老龄化理论。所谓的积极是强调老年人参与社会的权力，在积极老龄化理论学者眼中，老年人不会因为自身生理机能的衰退，成为社会的负担。而应该以更加积极的姿态，参与社会生活，按照老年人自己的需要，获得社会的照护。2003年世界卫生组织公布了《积极老龄化：政策框架》报告，确立了积极老龄化理论的重要地位，在“健康老龄化”的基础上，增加了“保障”和“参与”两个内涵后，“积极老龄化”的战略视角形成，成为应对人口老龄化难题的新理论、新战略。之后，积极老龄化理论在世界上很快流行开来，成为各个国家解决人口老龄化问题的重要理论参考。积极老龄化深层次的目标是更新人类对老龄化的消极观念，要把老年人视作社会的积极参与者和贡献者，而不是社会的负担，这一理念成为学术界研究的重要观点。

老年人口空间需求依托于老年人口空间分布而存在，老年人口空间分布的优化，有利于老年人口空间需求的满足。包括养老机构等各类硬件设施和老年体育、老年教育等各类软件设施在内的健康资源空间分布优化，是积极应对人口老龄化的重要前提条件，是实现从消极保障到积极预防的健康保障的重要基础。当代中国人民对美好生活的向往，已经从解决温饱、摆脱贫困的新时期转为追求自我价值实现的新时代。当前我国老年人口保障的思想和理念已经发生了重大变化，从传统的重视物质条件、满足最低生活层次的保障，转变为更加重视精神生活和社会价值、追求老年美好生活的新阶段。在这一新的社会背景下，人口老龄化的理论应对也应积极探索，紧跟当前我国快速的社会实践和变革，实现从基本保障理论到更加符合当前社会实践的健康老龄化、积极老龄化理论的发展。总之，推进老年人口与健康资源的空间匹配，正是一种积极老龄化价值取向的体现。

3.1.2 老年人口健康资源空间效用的最大化

空间经济学研究的是关于资源在空间的配置和经济活动的空间区位问题，区域经济学、城市经济学和国际经济学是空间经济学的三大研究领域。经济发展具有空间集聚效应，经济社会发展的空间扩散也是不均衡的。各种资源和生产要素具有规模效应，空间集聚和分散的程度，影响了经济发展的速度。

克鲁格曼(1991)构建的“核心—边缘模型”，是新经济地理学模型的根本。其目的在于解释：从经济观点看，为什么有类似基础特征的区域以非常不同的方式发展；塑造经济活动空间分布的机制如何随区域间一体化的推进而变化。其模型的机制有三个效应产生即市场接近效应、生活成本效应、市场拥挤效应。

老年人口健康资源的空间集聚，会产生巨大的经济效应。健康资源作为老年人口健康保障的支撑条件，在满足老年人口健康服务的同时，必须满足城市发展的需要，是城市经济发展的重要组成部分。

第一，健康资源的规模效应是产生经济绩效的重要影响因素。资源只有不断积聚，相应的配套设施不断健全，其规模效应就好不断显现。在市场要素资源领域已经得到验证。而包括健康资源在内的公共服务资源，也具有这一特征。在健康资源有限的大背景下，将仅有的资源引用到最需要的领域和人群，则会提高健康资源的空间效用，降低了社会就医等人口老龄化总成本。另外健康资源的集聚，使得健康等公共服务可达性提高，吸引其他市场因素资源集聚，则会形成新的区域经济增长点。

第二，健康资源等公共服务资源可达性的提高，会潜在地吸引其他资源集聚，从而实现资源配置效用最大化的目标。健康资源可达性的提高，引导老年人口“增量”向城市规划方向发展，吸引“存量”中有能力的老年人口向健康资源集聚地流动。如从中心城区向近郊区和远郊区流动，这有利于人口分布的均衡。健康资源等公共服务资源的分布情况，是人口特别是老年人口迁移流动的重要原因。通过合理调控健康资源的空间分布情况，有序引导老年人口流动，实现老年人口与健康资源的空间匹配，有利于实现老年人口健康资源效用的最大化。

3.1.3 老年人口健康资源供给与需求空间匹配的有效性

健康资源供给和需求的匹配，是在供给侧改革理论指导下实现老年人口健康资源最大有效性的需要。供给侧结构性改革，表象是加强供给侧改革，其本质在于实现资源的供需匹配。

老年人口健康资源供给与需求空间匹配的有效性，正是供给侧改革的思想在老年人口健康领域的具体实践和运用。当前我国社会的主要矛盾已经发生了重大变化，在老年人口健康领域具体表现如下：从需求侧来看，当前老年人口的需求已经从基本的物质生活需求，转变为包括健康需求在内的更高层次的需要；从供给侧来看，当前对老年人物质产品的供给已经非常充分，但与老年人口对美好生活的向往和追求相比，仍然难以满足，迫切需要进行供给侧改革。老年人口健康资源的供给和需求在空间上匹配的有效，正是解决这一矛盾的重要实践。

贾康、苏京春(2016)强调供给和需求不可偏废一方，需要同等重视。事实上，在经济发展的不同阶段，都不应该争论供给和需求谁决定谁的问题，而应当研究供给与需求如何更好地匹配和协调，这是经济发展的必要条件。供给侧改革是当前正在进行的重大改革战略，从供给侧推进经济结构调整，变革经济结构和生产要素，这是解决当前“供需错位”的重要举措。供给侧改革的本质是实现供给和需求的动态匹配。

研究老年人口分布也就是对老年人口需求的分布规律进行掌握，对老年人口分布现状和趋势进行研究，是精准配置健康资源的前提和基础。不同年龄、性别、健康状况的老年人口在不同区域的分布，对老年人健康资源的配置有不同的要求。因此要基于老年人的不同特征和需求，进一步完善老年人健康资源的供给，这是我国当前供给侧结构改革的内在要求。

首先，老年人口变动是老年人健康资源供给的动力。随着城市人口老龄化的进一步加深，不同年龄结构、不同户籍老年人口的变动，健康需求旺盛，对健康资源建设提出了更高的要求，这在一定程度上刺激了健康资源的不断发展，以满足日益增加的老年需求。如传统的老年医疗需求之外，近些年来，老年人口对健康环境资源和健康教育资源、健康体育资源的需求日益增加。政府和社会在增加老年人健康资源供给时，要切实考虑到老年人口对健康资源数量、规模和类型等新的需求和变化。

其次，老年人口空间分布是老年人健康资源空间配置供给的依据。老年人健康资源作为城市人口特别是老年人口的基本需求，对提高老年人口健康水平具有重要作用。老年人健康资源的空间建设和布局，要基于老年人口的空间分布，老年人口健康需求的空间分布，这也是老年人健康资源供给侧改革的应有之义。只有实现需求与供给的空间匹配，才能实现健康资源效用的最大化。

3.2　老年人口与健康资源空间匹配的实践价值

3.2.1　应对老年人口对老年健康资源“量”的需求

随着当前经济社会的发展，我国人口老龄化呈现速度加快、高龄化加深等特点。作为全国最早进入老龄化的城市之一，上海人口老龄化呈现绝对数量迅速增长、相对比重快速上升、内部结构逐步老化等特征。老年人口对老年健康资源“量”的需求，是当前基本的也是最紧迫的需求，主要表现在老年人健康资源的规模、结构、类型等方面。

为积极应对日益加速、加深的人口老龄化，一方面要扩大包括健康资源在内的资源供给，尽可能地创造更多的资源，满足老年人口日益增长的老年健康需求，实现供需匹配就非常重要。如满足老年人日益增加的对健康环境的需求，开发更多的绿地、公园等健康环境资源，加强对污水、雾霾等环境污染问题的治理。第二，为解决老年人口看病难、看病贵等问题，积极探索家庭医生制度、老年护理保险制度、医养结合制度等，增加包括医生、护士、床位数、医疗机构在内的各类医疗服务资源供给，将社区医院转变为基层社区老年护理中心，在二甲医院和三甲医院扩大老年科室等。第三，积极构建全生命周期管理的大健康战略，进一步做好老年健康预防工作。通过增设健身步道、各类老年体育健身设施、各类老年健康教育机构等，汇聚全社会老年健康社会资源，共同应对人口老龄化。

另一方面，根据经济学原理，资源总是有限的，对有限的老年健康资源优化配置就显得尤为重要。无论是各类老年环境资源，还是包含医疗机构、人员、床位的老年健康服务资源，还是满足老年人健康预防需求的老年体育资源、老年教育资源等总量都是有限的，不会无限增加。在资源总量既定的情况下，如何实现这些资源的优化配置就显得尤为重要。老年人口与健康资源的空间匹配，就是基于空间的视角，一方面，实现老年人口健康“存量”资源空间效用最大化；另一方面，满足或部分满足老年人口日益增长的动态老年需求，实现老年人口健康资源“增量”资源效用最大化。这对积极应对人口老龄化具有重大意义。

3.2.2 应对老年人口对美好老年生活的“质”的需求

国家做出我国进入中国特色社会主义新时代的重大判断，其中一个重要特征就是人民对美好生活向往的内涵发生了深刻的变化，当代中国人民对美好生活的向往，已经从解决温饱、摆脱贫困的新时期转为追求自我价值实现的新时代。

在这一重大时代判断的背景下，需要对老年社会保障进行系统的重新思考。之前强调满足老年人温饱生活和最低生活保障的制度设计思想，要转变为老年人口不断追求老年美好幸福生活、实现老年人社会价值的新思想。而实现这种美好生活目标的重要前提就是健康，这里的健康是包含生理、心理和社会参与等方面在内的大健康。老年人口健康资源是指所有能促进老年人的生理、心理和社会认同感等方面完好的各种因素和条件的总和。当前国家已经将大健康观上升为国家战略，《健康中国 2030》规划纲要已经发布，老年人口健康资源的供需匹配是其中必不可少的重要一环。

老年人口与健康资源的空间匹配正是在老年人口不断追求老年美好幸福生

活的时代背景下，在老年人口健康需求不断增加，而老年健康资源供给效率不高的现实困境下，对资源的空间供给和需求这一本质问题进行的实践探索。对老年健康资源空间供给与需求规模等"量"的探索是一个方面，而对分布、优质资源供给、动态匹配等"质"的方面的研究，则是其本质和核心，具有重要实践价值和意义。

3.3　老年人口与健康资源空间匹配的现实困境

3.3.1　老年人口健康资源需求扩大与供给有限之间的矛盾

"量"的匹配的需要是老年人口健康资源配置过程中最基本的考量指标，当前主要表现为人口老龄化的加快推进与老年健康资源的有限性供给之间的矛盾。这里既有数量规模上的矛盾，也有分布不平衡的矛盾。

首先，规模上的矛盾。1979年，上海60岁及以上老年人口总数为115.48万人，占同期总人口的比重为10.2%，超过联合国认定的老年社会的标准，已经成为老龄化社会的城市。回顾新中国成立后上海的人口发展历史，可根据其进入人口老龄化社会的时间分为两个阶段：第一阶段为1953—1979年，上海60岁及以上老年人口由22.82万人增长到115.48万人，其占总人口的比重也从最初的3.68%上升到10.2%；1979年至今，为上海人口老龄化的第二阶段，60岁及以上老年人口进一步增长到435.95万人，占总人口的比重由10.2%增长到30.2%，而65岁及以上老年人口由81.52万人增长到283.38万人，占总人口的比重由7.2%上升到19.6%。

根据上海社会科学院《上海人口变迁与展望》一书的预测，到2030年，上海的常住人口将达到3 000万人，而且人口老龄化的程度会不断加深。该书作者指出，上海人口变化的两大趋势：一是户籍劳动力随着户籍总人口的减少呈现下降趋势；二是常住老年人口呈不断上升趋势，据预测2030年60岁及以上人口将比2010年翻一番，同时，上海80岁及以上的高龄人口将会增长到110万人。根据上海统计年鉴显示，2020年60岁及以上的上海户籍老年人口达533.49万左右，约占户籍总人口的36.2%；65岁及以上的上海户籍老年人口达382.44万左右，占户籍总人口的比重为25.9%。若将外来常住老年人口考虑在内，根据本书的测算，2020年上海市常住老年人口数将有可能达600万，常住老年人口占常住总人口的24%，上海的人口老龄化形势严峻。

上海老年人口健康资源的有限性难以满足日益增长的人口老龄化的健康需求。来自上海统计年鉴数据显示，一方面，2020 年上海医疗机构病床周转平均值为 25.76 次，而老年护理院仅为 1.24 次，远低于平均水平；另一方面，老年护理院的病床使用率和出院者平均住院时间都远远高于平均值。其中病床使用率为 99.2%，平均住院日为 152.02 日，远高于平均值 82.83%和 11.38 日。从绝对数据来看，按照当前上海市卫计委户籍老年人口 0.6%的老年护理床位的标准，总需求约为 2.61 万张，截至 2020 年，上海市 64 家老年护理机构和医院实际开放床位仅 19 597 张，缺口还有 0.65 万张。从相对数来看，2020 年 60 以上老年人口占到总户籍人口的 36.2%，65 岁以上老年人口占户籍人口 25.9%，但专业的老年护理机构仅占所有医疗机构的 1.2%，老年护理床位数仅占到所有床位数的 12.1%。

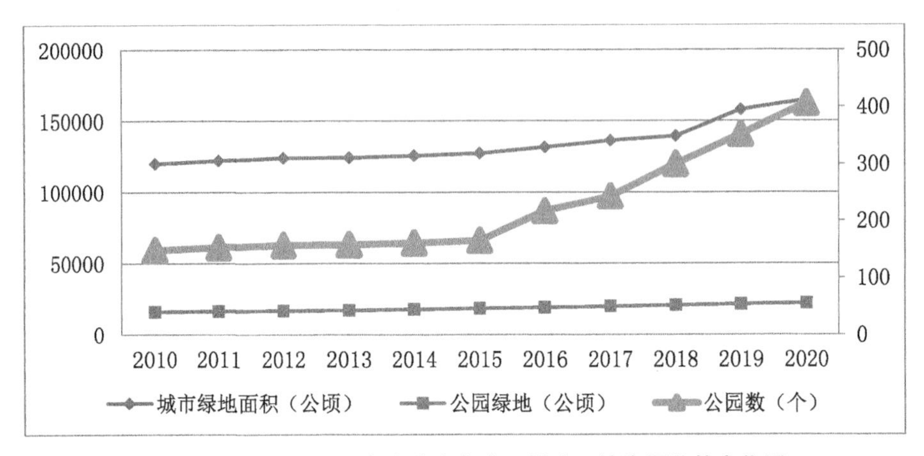

图 3－1　2010—2020 年上海老年人口健康环境资源趋势变化图

根据 2011—2021 年上海统计年鉴，对上海老年人口健康资源变化情况进行分析。目前上海健康环境资源的形势比较严峻，如图 3－1 所示人均绿地面积等健康环境资源都是相当匮乏的。以医疗资源为代表的健康服务资源、以体育和教育资源为代表的健康社会资源等，也面临着人口老龄化、流动人口增加等各种压力，在健康资源总量上虽然有增长，但与人口的增长相比，仍有较大差距，如图 3－2、图 3－3 所示。

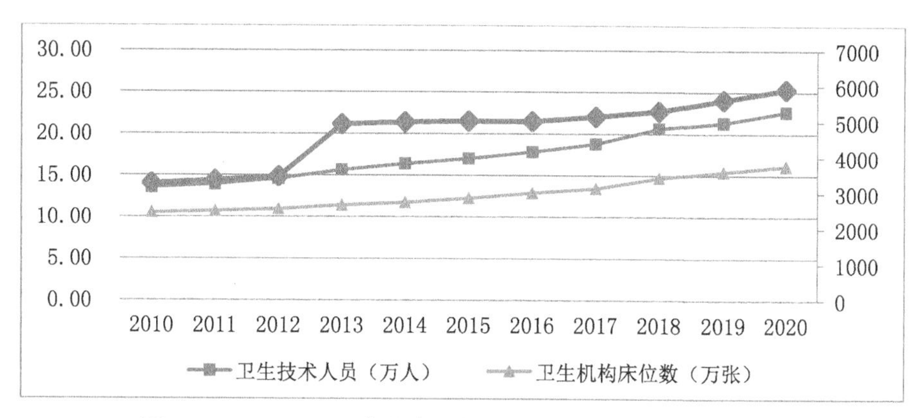

图 3－2　2011—2015 年上海老年人口健康服务资源趋势变化图

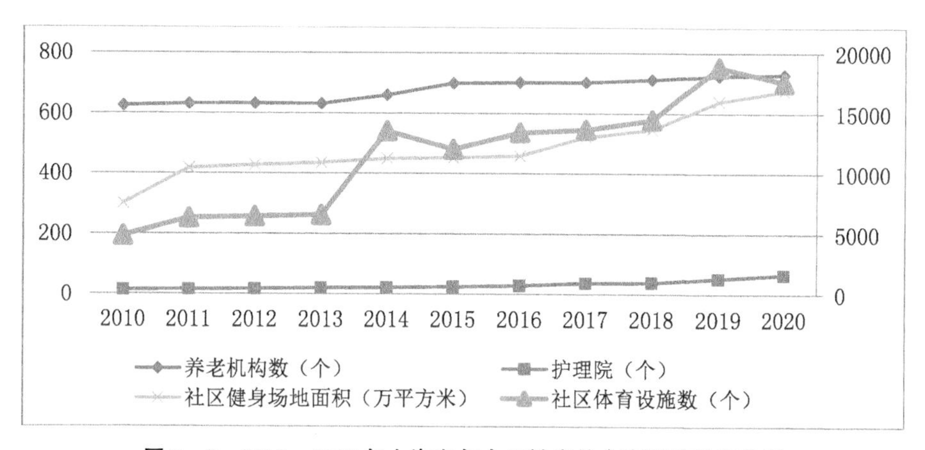

图 3－3　2011—2015 年上海老年人口健康社会资源趋势变化图

当前，一方面是老年人口健康资源总量缓慢增长，而另一方面则是上海流动人口和老年人口的快速增加，上海健康资源面临常住人口总量规模增加和人口老龄化年龄结构变动的双重压力。虽然近几年流动人口有所减少，增长速度下降，但上海老年人口健康资源面临的压力依然很大，如图 3－4 所示。2020 年底上海常住人口已经突破 2 488.36 万人，户籍总人口为 1 475.63 万人，其中户籍 60 岁及以上老年人口比上年增加 14.29 万人，达到 532.41 万人。老年人口健康资源总量供给的有限性，与老年人口年龄、规模、结构等差异化总需求之间的矛盾还将继续扩大。

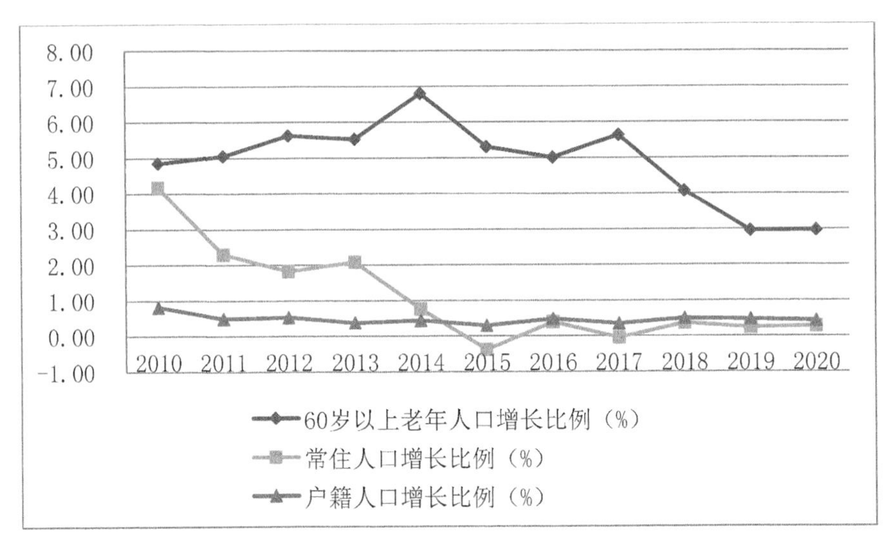

图 3-4　2011—2015 年上海人口规模增长比例图

其次，分布上的矛盾。对老年人口的空间分布进行详细分析，是进行老年健康资源优化配置的前提和基础。老年人健康资源的配置，既要考虑老年人口分布的现状，更要考虑不同老年人口需求差异化需求的空间分布，这是实现老年人口与健康资源空间匹配的关键。

当前，养老机构、医疗机构、老年教育机构等老年人口健康资源，由于其特有的物理特征，呈现空间上的点状分布特征，成为短期很难调整和优化的固定设施。这些设施和资源，所能服务和覆盖的人口和空间距离，都是相对固定的。因此，获取这些设施和资源的范围，被划定在一定的空间距离上，相对局限。而人口与这些设施和资源相比，呈现流动性强、差异化明显等特征，老年人健康资源的点状固定分布与老年人口的环形动态分布、老年人健康资源服务范围空间的有限与老年人口差异化需求的无限等，客观上存在着一种天然的矛盾。老年人口与健康资源的空间匹配，本质上是老年人健康资源需求与供给的空间匹配，而这种需求与供给上的差异，是当前匹配不平衡矛盾的主要方面。

在很长一段时间，对公共资源和公共服务的讨论更多的是从政治结构、社会分层等制度的视角，而空间的视角也应该成为公共资源配置的重要考量因素，空间分布的匹配与否，对资源的优化配置，满足不同人口需求，具有重要的战略意义。

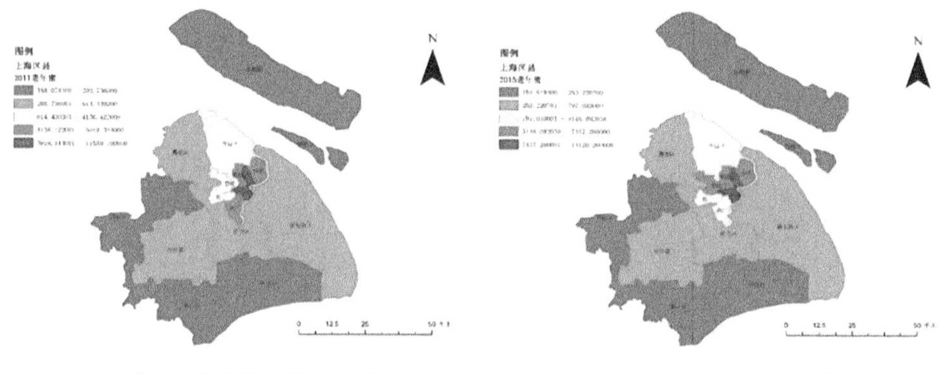

2011 年 60 岁及以上老年人口　　2015 年 60 岁及以上老年人口

图 3-5　2011、2015 年上海 60 岁及以上老年人口密度分布图

目前，以上海为代表的城市老年人口分布呈现复杂化、多元化特点。从总体来看，当前上海老年人口的空间分布呈现中心高四周低的圈层结构特征，如图 3-5。2011 年和 2015 年，老年人口城市中心区高度集聚的特征没有太大变化。综合老年人口分布情况可以发现，一方面，积聚在中心城区等核心区的“存量”老年人口数量较大，分布相对集中；另一方面，越来越多的“增量”老年人口从中心城区向郊区流动、其他中小城市开始往大城市郊区流动，郊区化趋势明显。

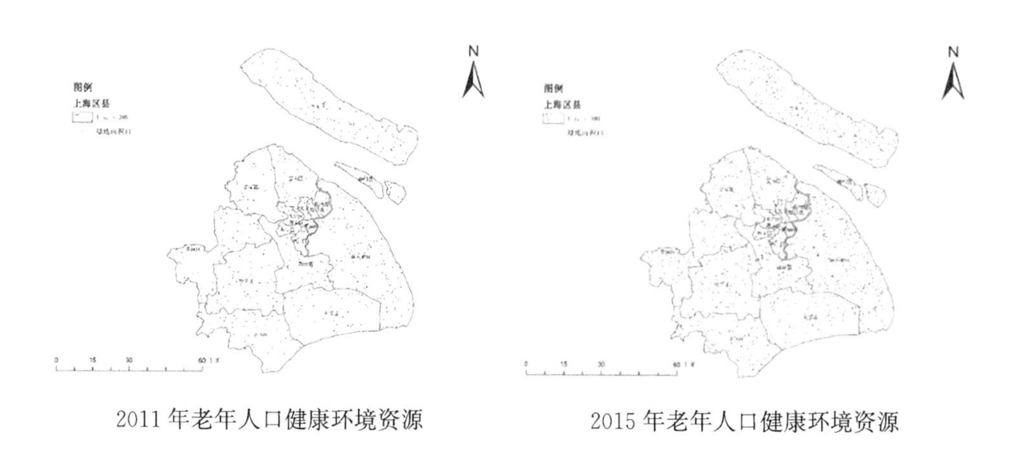

2011 年老年人口健康环境资源　　2015 年老年人口健康环境资源

图 3-6　2011、2015 年上海老年人口健康环境资源空间分布点值图

与老年人口分布特征相比，上海老年人口健康资源的空间布局不平衡，以绿地、公园为代表的老年健康环境资源主要集聚在外环以外的郊区，以医院、护理院等为代表的老年健康服务资源则主要积聚在中心区。这就使得中心区老年人口的健康环境资源可达性较差，郊区老年人口的健康服务资源可达性较差，如图3－6、图3－7所示。与2011年健康资源分布相比，2015年老年人口健康环境资源更多的在郊区集聚，健康医疗资源虽然中心城区仍然分布较多，但医疗资源均等化分布效果明显，郊区资源不断增加。

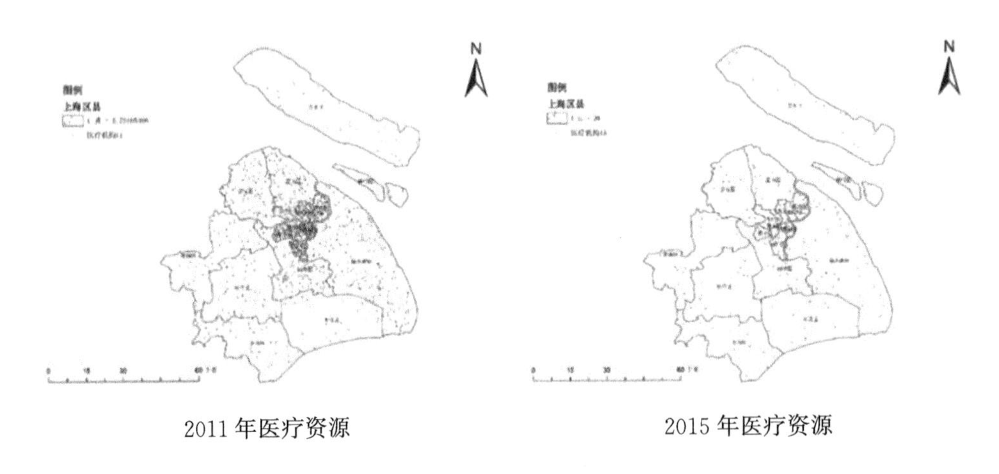

2011年医疗资源　　2015年医疗资源

图3－7　2011、2015年上海医疗资源空间分布点值图

综上，老年人口的分布和老年人健康资源的分布存在匹配的不平衡。老年人口分布呈现高度的中心集聚特征，而这一地区老年人健康资源相对匮乏，特别是老年人健康环境资源；而老年人健康环境资源量比较充沛的远郊区老年人口分布又十分稀疏。老年人健康环境资源、健康社会资源更多的集聚在近郊区和远郊区，以医疗资源为代表的老年人健康服务资源主要集聚在中心城区和近郊区。而老年人口呈现高度的中心集聚特征，这种分布的地理错位，加剧了老年人口健康需求和老年人健康资源空间供给之间的矛盾，增加了老年人健康资源调配的成本，不利于老年人口健康水平的提高。

3.3.2　老年人口健康资源获取的主体利益博弈

老年人口与健康资源的空间匹配除了一种静态的规模和分布上的矛盾之外，更为重要的是体现在两者之间的空间动态匹配上。老年人口的健康资源配置落后于老年人口的空间流动，落后于不断变化的老年人口空间需求。因此，研究动态的空间匹配情况，更是老年人口与健康资源空间匹配的内在需要。

首先是“存量”资源的利益博弈。上海市政府和地方政府、户籍老年人口和非户籍老年人口等利益相关方存在利益博弈。上海市政府从全市层面要求推进基本公共服务均等化，包括健康资源在内的公共资源均等化是发展趋势，而各区、各街道等地方政府存在着地方保护主义等利益诉求，对公共资源特别是优质公共资源要不要均等化、如何均等化等存在较大分歧。对“存量”健康资源由中心城区向近郊区和远郊区扩散的利益补偿机制存在不足，很多优质健康资源如三甲医院、专家医生资源等，市级政府利益补偿不到位，地方政府虽有需求但动力不强。另外，户籍老年人口大多集聚中心城区，对传统健康资源诉求较高，对外地老年人口享用中心城区健康资源持排斥态度。另一方面，非户籍老年人口主要集聚在近郊区，对优质健康资源需求度较高，对公共服务资源均等化比较期待，存在着利益博弈。

其次是“增量”资源的利益博弈。“增量”资源的配置，目前需要处理不同行政层级主体的利益、中心城区和郊区利益、长远与近期利益、本地户籍和外地户籍利益等多种利益博弈关系。长期以来，对健康资源的配置特别是医疗资源的配置一个重要的依据是根据医疗机构的层级展开，如三甲医院占用“增量”资源最多，基层社区医疗机构如社区卫生服务中心“增量”资源相比较少，从而陷入了资源配给多，医疗卫生条件好，技术高，患者多，配置更多；资源配置少，患者少，配置更少的利益怪圈。另一个需要处理中心城区和郊区的利益关系。长期以来健康资源围绕行政资源进行配置，中心城区、郊区的行政中心配置了较多的健康资源，而郊区的农村难以获得较多的“增量”资源配置。另外，健康资源的配置也面临着长远与近期配置的利益选择。从长远来看，配置在健康预防领域、老年人口未来集聚领域更能实现健康资源的经济效用；但从近期来选择，更容易配置在医疗干预领域和老年人口集聚较多区域，这是不同的利益选择的必然结果。最后，“增量”资源的空间配置，面临着户籍老年人口和非户籍老年人口选择的矛盾。按照基本公共服务均等化的思想，老年人口健康资源应该覆盖包含非上海户籍在内的外来老年人口，这是社会公平正义的价值要求。但现实中，户籍老年人口享受免费体检等相对较多老年健康服务，而外来流动老年人口，由于户籍的限制，难以享受这些本地户籍老人的健康服务，矛盾日益加剧。

3.4 本章小结

本章为老年人口与健康资源空间匹配的价值研究，是整个本书研究的学理基础。从理论价值、实践价值和现实困境三个方面，深刻剖析老年人口与健康资源空间匹配的学理价值。

从空间经济学、健康资源效用原理出发，深入讨论老年人口健康资源空间效用的最大化；从供给侧结构改革理论深入解读老年人口健康资源供给的本质在于空间供给与需求的匹配；从人口老龄化的理论应对，分析健康老龄化到积极老龄化，实现老年人口追求美好幸福老年生活的战略目标。

理论的分析，是为更好地指导和促进实践研究。本书在阐述老年人口与健康资源空间匹配理论必要性的同时，还从积极应对不断加快的人口老龄化"量"的需要、实现老年人口追求美好老年生活的"质"的需要两个方面深入分析其实践价值需要。

最后从老年人口健康需求增加与健康资源有限供给之间矛盾、利益博弈视角下老年人口分布变动与健康资源动态匹配之间的矛盾两个维度，对当前老年人口与健康资源空间匹配的现实困境进行了分析，为下文的匹配评价、匹配模型的构建、匹配不平衡的成因分析等内容做重要的前期学术铺垫。

第 4 章　上海老年人口与健康资源空间匹配的现状

根据联合国对人口老龄化的相关定义，当一个国家或地区 60 岁及以上的老年人口占人口总数达到 10%或 65 岁及以上老年人口占人口总数达到 7%，即表明这个国家或地区步入了人口老龄化社会。上海自 1979 年成为中国最早步入人口老龄化社会的城市，比全国人口老龄化的平均水平提前约 20 年，当前也是我国人口老龄化最严重的城市之一，也是全国老年健康资源比较丰富的代表性城市。在研究上海老年人口的数量、结构等变动情况和数量、密度等空间分布情况，上海老年健康资源的空间配置情况的基础上，基于数量研究的方法，对上海老年人口与健康资源空间匹配的情况进行实证分析，对进一步强化老年人口与健康资源空间匹配的价值具有重要作用。

4.1　上海老年人口概况分析

4.1.1　上海老年人口的变动及特征分析

4.1.1.1　老年人口的变动情况

1)上海人口老龄化与全国情况的对比

上海是我国最先步入人口老龄化社会的城市，比全国的平均水平早了 20 多年，本部分从老年人口的增长速度、人口老龄化程度两方面来进行上海人口老龄化与全国人口老龄化情况的对比。

其一，从老年人口增长的速度来看，自 1982 年全国第三次人口普查到 2020 年的 38 年间，全国 65 岁及以上老年人口由 4 991 万人增长到 19 064 万人，平均每年增长 370 万人，年平均增长的速度为 5.7%；而上海的户籍老年人口则由

1982 年的 87.89 万人增长到 2020 年的 382.44 万人，平均每年增长 7.75 万人，年平均增长速度为 6.7%，高于全国 65 岁及以上老年人口年增长速度 1 个百分点。

其二，从人口老龄化的程度来看，由于上海步入老龄社会的时间比全国早了 20 余年，截至 2015 年底，上海市 65 岁及以上户籍老年人口占总人口的比重达到 25.9%，而全国这一比重则为 13.5%，表明上海当前的人口老龄化水平将近是全国的 2 倍。图 4－1 反映了在 2000—2020 年间上海及全国老年人口占总人口比重的变动情况，总体而言，上海及全国的老年人口总人口的比重都在不断上升，反映出我国的人口老龄化进程在不断加剧；同时值得注意的是，上海近年来的老年人口比重急剧上升，与全国老年人口水平之间的差距有逐步扩大的趋势，反映出上海当前的人口结构在全国范围内已经“老”得遥遥领先(见表 4－1)。

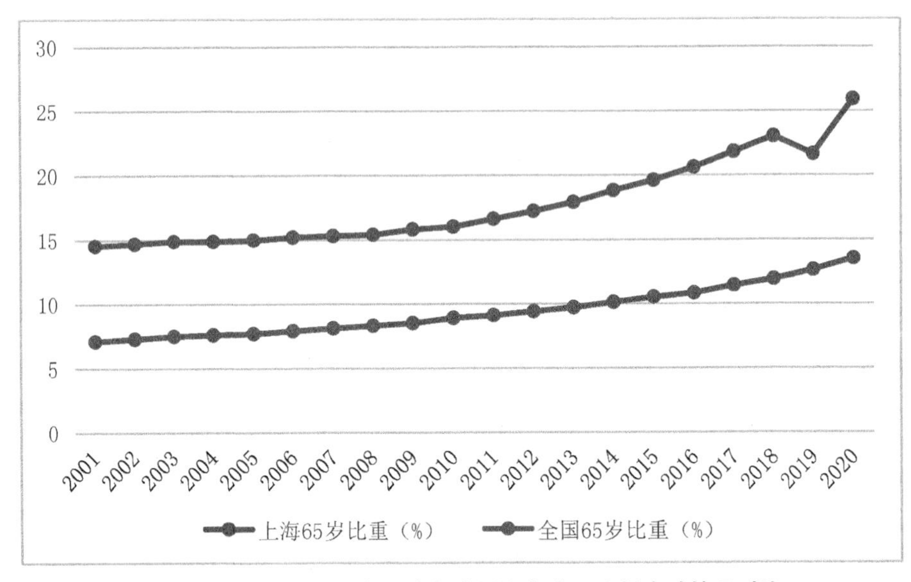

图 4－1　2000—2020 年上海与全国老年人口比例变动情况对比

资料来源：作者根据历年《中国统计年鉴》《上海统计年鉴》、上海老龄网的相关数据整理绘制所得。

表 4－1　上海与国内主要大城市老龄化程度比较

2000 年	北京	天津	广州	重庆	上海
老龄化程度	8.4	8.3	8.5	7.9	11.4

资料来源：作者根据相关城市人口普查资料中的相关数据整理绘制所得。

2)上海人口老龄化与历史情况的对比

研究分析上海人口老龄化的发展现状,除了与发达国家、与全国平均水平进行对比之外,还可以从上海历史人口增长及老年人口增长的过程中来反映上海人口老龄化的进程状况。上海60岁及以上老年人口从1999年到2020年,人数由238.52万人增长到533.49万人,占总人口的比重从最初的18.16%到2020年的36.2%,而65岁及以上老年人口由181.41万人增长到382.44万人,占总人口的比重由13.82%上升到25.9%。如表4-2所示,上海自1979年进入老龄化以来,老龄化的进程在不断加速。

表4-2　上海1999—2015年老年人口数及其占总人口的比例

年份	60岁及以上人口		65岁及以上人口	
	绝对数(万人)	比例(%)	绝对数(万人)	比例(%)
1999	238.52	18.16	181.41	13.82
2000	240.65	18.31	186.53	14.19
2001	246.61	18.58	192.52	14.51
2002	249.49	18.70	195.70	14.67
2003	254.67	18.98	199.49	14.87
2004	260.78	19.28	201.06	14.87
2005	266.37	19.58	203.67	14.97
2006	275.62	20.10	207.58	15.20
2007	286.83	20.80	211.18	15.30
2008	300.57	21.60	214.50	15.40
2009	315.70	22.5	221.00	
2010	331.02	23.4	226.49	16.0
2011	347.76	24.5	235.22	16.6
2012	367.32	25.7	245.27	17.2
2013	387.62	27.1	256.63	17.9
2014	413.98	28.8	270.06	18.8
2015	435.95	30.2	283.38	19.6
2016	457.79	31.6	299.02	20.6
2017	483.6	33.2	317.67	21.8
2018	503.28	34.4	336.9	23

（续表）

年份	60岁及以上人口		65岁及以上人口	
	绝对数(万人)	比例(%)	绝对数(万人)	比例(%)
2019	518.12	35.2	316.66	21.6
2020	533.49	36.2	382.44	25.9

资料来源:作者根据2000—2021年《上海统计年鉴》绘制。

4.1.1.2 人口老龄化的特征

上海是我国最早进入人口老龄化社会的城市,早在1979年上海就在全国率先进入了老龄社会。经过三十余年的发展,上海已经成为我国人口老龄化程度最深的地区之一。本部分将上海人口老龄化的特征主要归纳为以下五个方面。

1)老年人口的绝对数量迅速增长

新中国成立后的六次全国人口普查数据资料显示,大半个世纪以来,上海60岁及以上的老年人口一直保持着递增的趋势,而且上海的老年人口几乎是在成倍地增加,如表4-3所示。从1953年至2000年的47年中,上海60岁及以上的老年人口净增加了222.96万人,增长了9.77倍。而从2000年开始,上海60岁及以上老年人口进一步加速增长,到2010年平均每年老年人口的增幅达到了10万人以上。而从2010年到2020年这一增幅更加快速,增速达到20万人以上。

表4-3 七次全国人口普查中上海60岁及以上老年人口数量

年份	人数(万人)
1953	22.83
1964	65.72
1982	136.53
1990	189.11
2000	245.79
2010	346.97
2020	581.55

资料来源:作者根据七次人口普查中的相关数据整理绘制所得。

上海社会科学院《上海人口变迁与展望》丛书对未来上海的人口变迁进行了展望。根据该书作者的预测，到2030年，上海的常住人口将达到3 000万人，而且人口老龄化的程度会不断加深；该书作者指出上海一方面户籍劳动力因为人口的减少而呈现减少的态势，另一方面60岁以上常住人口规模将呈现增加的趋势，到2030年比2010年翻一番，达到785.5万人。同时，上海80岁及以上的高龄人口将会增长到110万人，表明上海的人口老龄化形势较为严峻。

随着上海老年人口绝对数量的迅速增长，上海"纯老家庭"与独居老年人口的规模也在不断扩大。上海作为我国独生子女比例最高的城市，1981年上海全市独生子女占出生人口的比重就已达到88.9%。随着这一代人整体进入老年阶段，造成上海"纯老家庭"与独居老人的数量在迅速增加。上海市老龄科学研究中心老龄资料库中的数据显示，截至2020年年末，上海市"纯老家庭"老年人数157.79万人，其中80岁及以上"纯老家庭"老年人数35.39万人；独居老年人数30.52万人，其中孤老人数为2.26万人。

2)老年人口的相对比重快速上升

依据上文可知，上海的人口年龄结构从年轻型转变为成年型、再转变为老年型，仅使用了15年左右的时间，上海这一人口年龄结构的转变速度大大超过了主要发达国家的所历经的人口转变进程。同时，上海作为我国最早进入人口老龄化社会的城市之一，其总人口年龄结构早于全国20年左右转变为老龄化结构。从图4-2中可以看出，近年来，上海的老年人口占总人口的比重一直呈现出稳定、持续的上升态势，而且近年来老年人口增长的速度明显加快，表现为上海老年人口占总人口的比重的增长幅度每年都在不断提高。

世界上最早进入人口老龄化的国家法国，其65岁及以上老年人口比重从7%进入14%，用时114年；瑞典作为世界人口老龄化程度最高的国家，实现这一转变用时85年，而上海仅用时21年。相关数据的对比都表明上海老年人口占总人口的比重在快速上升，上海人口老龄化的发展速度为世界所罕见。

3)老年人口的内部结构逐步老化

人口高龄化是人口老龄化发展到一定程度必然出现的一种人口现象。80岁及以上老年人被国际上公认为"高龄老人"，人口高龄化就是指80岁以上老人占老年人口总比重趋势变化的过程。

自20世纪90年代中后期以来，上海的人口老龄化尤其是人口高龄化发展迅速。从表4-4中可以看出，自1964年以来，上海80岁及以上的高龄老人占总人口的比重在不断攀升，到1982年全国第三次人口普查时，上海80岁及以上

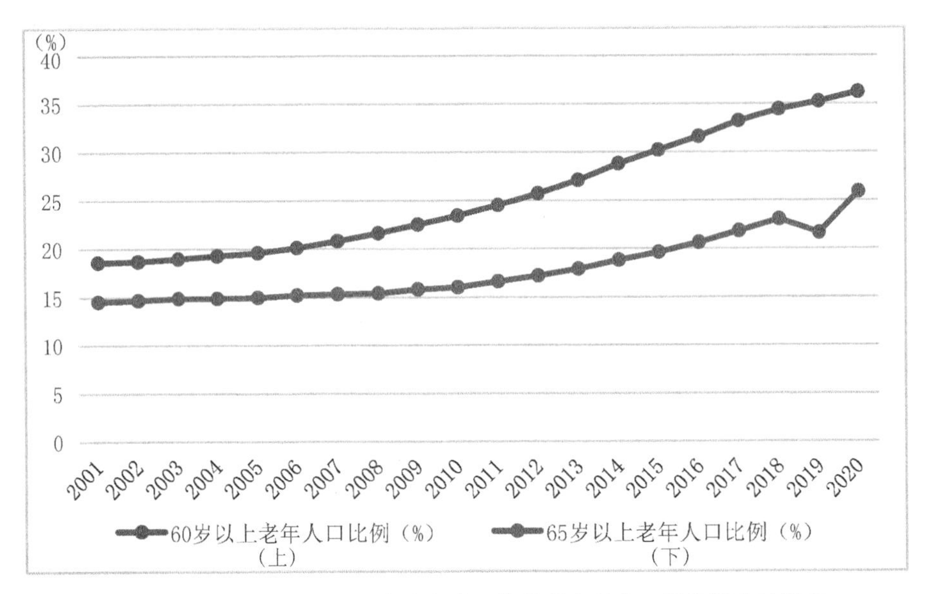

图 4-2 上海 2000—2020 年老年人口数及其占总人口的比例变动情况

高龄老人占 60 岁及以上老年人口的比重达到了 7.92%，比 1964 年将近翻了一番，百岁老人有 20 位。随着社会经济的发展，上海老年人口年龄结构不断发生变化。到 2000 年时，80 岁及以上老年人口比重上升到 12.64%，百岁老人达到了近 370 人，18 年间百岁老人增长了 18 倍之多。进入 21 世纪后，上海高龄老人的占比增速放缓，但总体占比情况仍在不断上升。到 2015 年，80 岁及以上老年人占比达到了 17.9%，60 岁以上老年人占比达到了 35%，形势严峻，如表 4-4 所示。

表 4-4 上海老年人口年龄结构的变动情况

年龄(岁)	各年龄段老年人口占 60 岁及以上老年人口总数的比重(%)							
	1964 年	1982 年	1990 年	1996 年	2000 年	2007 年	2015 年	2020 年
60～64	40.67	35.49	32.69	30.07	22.37	26.38	35.00	28.3
65～69	29.24	26.15	26.01	25.98	28.32	18.30	23.46	27.9
70～79	25.65	30.45	31.09	33.26	36.67	37.80	23.64	28.3
80 及以上	4.43	7.92	9.63	10.80	12.64	17.52	17.90	15.5

数据来源：作者根据上海人口普查资料、《上海统计年鉴》以及上海市老龄科学研究中心老龄资料库中的相关数据整理绘制所得。

国际上对老年人口年龄结构划分有一定的标准。其中低龄老人的比重在60%以上,高龄老人结构在7%以下,老年人口年龄中位数在67岁以下,其人口结构被认为低龄老年人口结构。低龄老人比重在50%以下,高龄老人比重在14%以上,老年人口年龄中位数在70以上,则被认为是高龄老年人口结构。处于两者之间的,则被认为是中龄老年人口结构。

2010年的"六普"资料显示,上海老年人口的高龄老人比重达到16.9%,超过国际上高龄型人口结构的14%,上海低龄老人比重达到52%、老龄人口年龄中位数为69.5岁,都已经处于国际上划分高龄型人口年龄结构的边缘,如表4-5所示。

表4-5 上海"五普""六普"老年人口结构比较

	2000年	2010年
低龄老人比重(%)	51.3	52
高龄老人比重(%)	12.2	16.9
老年人口年龄中位数(岁)	69.8	69.5

数据来源:作者根据上海人口普查资料中的相关数据整理绘制所得。

此外,人口预期寿命的延长是决定人口老龄化进程与人口高龄化的重要因素。从表4-6中可以看出,上海的人口平均预期寿命从1951年的44.39岁提高到了2020年的83.67岁,人口平均预期寿命呈现出不断提高的趋势。上海历年的数据都反映出同期女性人口的预期寿命要高于男性人口的预期寿命,而且男性与女性之间的平均预期寿命的差距呈现出逐年扩大的趋势。

表4-6 上海市人口预期寿命的变动情况

年份	平均预期寿命(岁)	其中		
		男性(岁)	女性(岁)	男女预期寿命差距(岁)
1951	44.39	42.00	45.56	—3.56
1953	58.14	58.43	60.31	—1.88
1964	70.99	69.33	72.28	—2.95
1982	74.04	71.77	76.25	—4.48
1990	75.46	73.16	77.74	—4.58

（续表）

年份	平均预期寿命（岁）	其中		
		男性（岁）	女性（岁）	男女预期寿命差距（岁）
2000	78.77	76.71	80.81	—4.10
2005	80.13	77.89	82.36	—4.47
2006	80.97	78.64	83.29	—4.65
2007	81.08	78.87	83.29	—4.42
2008	81.28	79.06	83.50	—4.44
2009	81.73	79.42	84.06	—4.64
2010	82.13	79.82	84.44	—4.62
2011	82.51	80.23	84.80	—4.57
2012	82.41	80.18	84.67	—4.49
2013	82.47	80.19	84.79	—4.60
2014	82.29	80.04	84.59	—4.55
2015	82.75	80.47	85.09	—4.62
2016	83.18	80.83	85.61	—4.78
2017	83.37	80.98	85.85	—4.87
2018	83.63	81.25	86.08	—4.83
2019	83.66	81.27	86.14	—4.87
2020	83.67	81.24	86.20	—4.96

数据来源：作者根据上海市老龄科学研究中心老龄资料库中的相关数据整理绘制所得。

4）外来人口减缓了老龄化的程度

由于各种历史原因，上海户籍人口最早在1993年就出现了负增长。但限于当时严格的户籍制度，外来人口迁移上海的相对较少。我国开始实行社会主义市场经济制度以后，大量的外来常住人口进驻上海，成为上海人口红利的重要组成部分。更为重要的是，大量外来劳动适龄人口的涌入改善了上海的劳动年龄人口结构。“六普”资料显示，当年的人口老龄化程度有所降低，主要得益于以新生代农民工的大量流入，一定程度上延缓了上海人口老龄化的步伐。

在外省市来沪的人员中，占比最多的是劳动适龄人口，而这部分劳动人口比重的上升，在一定程度上减缓了上海人口老龄化的进程。从分年龄段人口来看，“六普”资料显示，上海15～59岁的常住人口为1 756.38万人，占全市常住人口的 76.3%，与“五普”相比上升了 3.54 个百分点；60 岁及以上的常住人口为 346.97万人，占 15.07%，与“五普”相比微升 0.09 个百分点，其中，65 岁及以上的老年人口为 232.98 万人，占 10.12%，比“五普”下降 1.34 个百分点。以年轻人口为主导的外来人口导入，使得上海人口老龄化趋势有一定的缓解。此外，大量外来人口的涌入，也给上海市各级政府及全社会带来了进一步巩固与完善社会保障制度等各类公共服务与资源供应的压力与动力。

尽管如此，从未来发展的趋势来看，上海的人口老龄化程度在相当长一段时间内，还会持续加速上升。根据上海社会科学院人口与发展研究所等的预测，在 2030 年以前，上海 65 岁及以上的人口比重会持续上升，一直达到 380 万人左右，大约占到届时上海总人口的 28%，随后上海的老年人口才会开始缓慢下降。

5)人口老龄化与经济发展非同步性

人口老龄化与经济的发展相对吻合，这是发达国家目前发展的一般规律。发达国家步入人口老龄化社会阶段，其人均收入平均约为 4 000 美元。例如，英国的国民经济自 19 世纪初就开始起飞，但其到 1930 年才开始步入人口老龄化社会；1998 年，韩国人均国内生产总值达到 8 600 美元，而其 65 岁及以上的老年人口仅占到 6.4%；1999 年，日本的人均国内生产总值已达到 33 529 美元，但其 65 岁及以上的老年人口也只占到 16%。而上海在 1979 年进入老龄化社会时，其人均国内生产总值仅为 2 568 美元左右，表明上海当时的经济发展水平大大低于发达国家。2000 年时，上海老龄化程度达到 11.47%，和纽约、伦敦不相上下，而人均 GDP 仅为其 20%和 12%，如表 4 - 7 所示。同我国的整体情况相类似，上海人口老龄化进程较为明显地表现出“未富先老”的特点，这必然会给社会经济发展带来沉重负担。

综上所述，上海虽然作为我国经济发展水平比较高的城市，但其人口老龄化水平和经济发展水平并不同步，呈现“未富先老”的特征。随着上海人口老龄化程度的进一步加大，这种非同步性会对上海经济发展带来一定的挑战，也对上海城市管理、公共服务供给等形成了比较大的挑战。

表 4 - 7 上海与其他国际性大都市老龄化程度比较

城市	纽约	伦敦	香港	新加坡	上海
年份(年)	1990	2001	1980	1980	2000
人均收入(美元)	22300	35100	5790	5140	4500

（续表）

城市	纽约	伦敦	香港	新加坡	上海
老龄化程度(%)	12.9	12.4	10.37	6.99	11.47

数据来源：根据相关城市人口普查资料中的相关数据整理所得。

4.1.2 老年人口数量预测

4.1.2.1 分要素预测模型

1)模型建构

从19世纪末开始，人口统计学家倾向于使用分要素预测方法来预测人口变化趋势。其要点在于将人口数按性别、年龄分组、随时间的变化分别预测计算生育、死亡、迁入和迁出。分要素预测模型基于离散时间这一核心指标，设定年龄间距，用于人口预测。具体包括以下几步：

第一步：持续计算不同年龄段人口的存活率。以起始点人口存活人数为基数，参考预测时间，计算预测点的人口存活数。

第二步：根据新出生人口进行测算。将新生人数加入预测的人群基数，并根据时间区间，进行预测时间段内的计算。

第三步：人口预测的矩阵方程式构建。预测区间人数要综合考虑迁入、迁出、新出生人口等多种要素情况，构建预测矩阵。

2)上海老年人口分要素预测检验

a. 模型假设

模型假设一：以“六普”统计中外来人口年龄结构，估算预测年份外来人口年龄结构。

模型假设二：以2010年上海户籍育龄妇女分年龄生育率，估算户籍育龄妇女的生育模式，2016—2020年基本保持不变。

模型假设三：以“六普”统计数据中的外来流动人口生育率，估算预测年份外来流动人口生育模式，分性别年龄的死亡模式与之类似，以“六普”统计数据中的死亡构成表来估算。

模型假设四：基于上海2005—2013年的生育率，结合全面二孩政策，假定到2020年TFR有0.8、1.0和1.2三种方案，分别代表生育率不变、约一半育龄妇女生育二孩和约2/3的育龄妇女生育二孩。上海男性、女性预期寿命采用2010年水平；出生性别比按2010年水平，户籍人口为100.3，外来人口为115.67。

b. 方案设计

根据学术界分要素人口预测原理，充分考虑各种假设条件，可按低、中、高三种方案预测人口区间，具体如下：

第一种低方案：常住人口是由流动人口和户籍人口所组成，假定未来上海常住人口变动不大，受经济发展的周期性和人口增长的内在规律影响，另外上海严格的人口调控政策影响，外来流动人口呈现逐年减少的趋势。

第二种中方案：常住人口保持相对稳定，随着上海自贸区建设和全球科创中心建设的推进，外来人口继续增加，特别是高层次人才增加，这作为未来上海人口机械增长的中值方案参考。

第三种高方案：上海经济持续快速发展，上海人口机械增长继续保持较快态势。其中既有高层次人才的迁入，特别是上海五大中心建设的推进，带来人才的大量涌入；也有低层次的建筑、服务等外来流动人口流入，有效降低了上海人口老龄化。

c. 预测结果

提高生育率对于缓解老龄化有着积极的作用，生育对于老年人口规模的影响在中长期才能体现出来，当前老年人口规模主要受到人口年龄结构、医疗卫生条件等因素的影响。根据以上结果综合考虑，对上海市老年人口进行预测，研究发现：在不同生育水平下，未来上海市的老龄化水平有显著的差异，但其老年人口规模基本相同，预测显示在2020年常住老年人口最高将达644万，如表4－8所示。

表4－8　上海市老年人口分要素预测结果　　单位：万人

年份	高方案				中方案				低方案			
	流动老年人口	户籍老年人口	常住老年人口	常住老年人口比重(%)	流动老年人口	户籍老年人口	常住老年人口	常住老年人口比重(%)	流动老年人口	户籍老年人口	常住老年人口	常住老年人口比重(%)
2016	46.53	459.32	505.84	20.68	44.36	459.32	503.68	20.82	40.66	459.32	499.98	21.06
2017	56.55	479.62	536.17	21.25	50.52	479.62	530.14	21.47	43.62	479.62	523.24	21.78
2018	68.68	504.38	573.06	21.93	57.15	504.38	561.53	22.13	46.42	504.38	550.80	22.59
2019	82.08	529.96	612.04	22.63	63.76	529.96	593.72	22.83	49.23	529.96	579.19	23.47
2020	96.91	547.76	644.67	23.37	70.62	547.76	618.38	23.56	52.85	547.76	600.61	24.29

数据来源：作者根据上海市公安局人口统计数据整理计算所得。

低值方案得到的常住老年人数量可能达到 600.61 万，常住人口老龄化水平将达到 24.29%，上海市人口低值预测方案优势在于充分考虑了人口变动情况，数值相对比较稳定，劣势在于不能动态反映现在及未来的人口变动情况。中值预测方案，考虑了国家二胎政策，在当前人口调控政策没有大的变化情况下，未来五年，上海市常住人口老龄化程度将达 23.56%，常住老年人可能数量达到 618.38万。上海市高值方案得到的常住人口老龄化水平为 23.37%，常住老年人可能数量达到 644.67 万，上海市人口高值预测方案考虑了各区自身人口发展状况、“全面二孩”的生育政策，及“四个中心”建设等社会经济因素。

4.1.2.2 灰色理论 GM(1,1)模型

1)模型建构

灰色系统是邓聚龙教授在 20 世纪 80 年代初提出的数学理论，是当前在人口预测等领域运用较多的方法之一。其主要思想认为，呈现的随机变量都是在一定范围内的灰色过程。对散落在各种领域中的原始数据，按照一定的规律如时间序列，进行处理，建立灰色预测模型。模型对数据进行一系列处理，如累加、指数曲线、微分方程等，降低随机性。最终将看似零散无用数据转化为有价值的数据，进行预测分析的过程。

GM(1,1)建模步骤：

给定原始数据序列 $X^{(0)}=\left(x^{(0)}(1),x^{(0)}(2),\cdots,x^{(0)}(n)\right)$ 做一次累加生成：

$$X^{(1)}=(x^{(1)}(1),x^{(1)}(2),\cdots,x^{(1)}(n))$$

其中，$x^{1}(k)=\sum_{t=1}^{k}x^{(0)}(t)\quad(k=1,2,\cdots,n)$

对 $X^{(1)}$ 作相邻值生成，得 $X^{(1)}$ 的相邻生成序列：

$$Z^{(1)}=\left(z^{(1)}(1),z^{(1)}(2),\cdots,z^{(1)}(n)\right)$$

其中，$z^{(1)}(k)=\frac{1}{2}[x^{(1)}(k-1)+x^{(1)}(k)]\quad(k=2,3,\cdots,n)$

构造一阶线性微分方程：

$$\frac{\mathrm{d}x^{(1)}}{\mathrm{d}t}+ax^{(1)}=b$$

$\hat{a}=[a,b]^{T}$，用最小二乘法求解：

$$\hat{a}=(B^{T}B)^{-1}Y$$

$$B=\begin{bmatrix}-z^{(1)}(2) & 1\\ -z^{(1)}(3) & 1\\ \vdots & \\ -z^{(1)}(n) & 1\end{bmatrix},Y=\begin{bmatrix}x^{(0)}(2)\\ x^{(3)}\\ \vdots\\ x^{(0)}(n)\end{bmatrix}$$

将 a、b 代入微分方程计算：

$$\hat{x}^{(1)}(k+1)=\left(x^{(0)}(1)-\frac{b}{a}\right)^{-ak}+\frac{b}{a}\quad k=2,3,\cdots,n$$

求出 $X^{(0)}$ 的模拟值：

$$\hat{x}^{(0)}(k)=\hat{x}^{(1)}(k)-\hat{x}^{(1)}(k-1)=(1-e^{a})\left(x^{(0)}(1)-\frac{b}{a}\right)e^{-ak}\quad k=2,3,\cdots,n$$

2)上海老年人口灰色预测模型检验

上海市户籍人口数、老年人口数的GM(1,1)模型仍以2005—2015年的统计资料为依据建立模型，采用灰色理论法对未来上海市户籍人口、户籍老年人口和老年流动人口作预测，取2005年为基础年，即2005年时间 $t=0$。运用上面GM(1,1)模型的建模方法，上海市户籍人口、户籍老年人口的回归方程：

$u(t+1)=232140.0646\exp(0.0059t)-230778.4746$ 其中 u 户籍人口数量、t 为时间。

$C=0.0183$；$p=1.0000$，表示该模型符合灰色预测理论要求，可以预测。

$y(t+1)=497161.7308\exp(0.0048t)-494814.2708$ 其中 y 为常住总人口数量、t 为时间。

$C=0.009167$；$p=1.0000$，表示该模型符合灰色预测理论要求，可以预测。

$v(t+1)=5073.00461538462\exp(0.0520t)-4806.63461538462$ 其中 v 为户籍人口60岁以上老年人、t 为时间。

$C=0.0246$；$p=1.0000$，表示该模型符合灰色预测理论要求，可以预测。

$w(t+1)=5453.62844875346\exp(0.0361t)-5249.95844875346$　其中 w 户籍人口65岁以上老年人、t 为时间。

$C=0.0247$；$p=1.0000$，表示该模型符合灰色预测理论要求，可以预测。

2010年上海市外来常住老年人口达23.41万人，占外来常住人口的2.63%。

我们利用2010年“六普”外来常住老年人口的比例来估算2011—2015年外来常住老年人口的比例。上海市外来常住老年人口GM(1,1)模型以2010—2015年的统计资料为模型，预测以2010年为基础年，即2010年时间 $t=0$，得到的模型如下：

$U(t+1)=255.360052\exp(0.0961t)-231.950052$，其中 U 为老年流动人口数量、t 为时间。

$C=0.005$；$p=1.0000$，表示该模型符合灰色预测理论要求，可以预测。

灰色理论的预测经过测算，与分要素预测方案的高方案类似，如表 4－9 所示。

表 4－9　上海市灰色理论模型老年人口预测结果　单位：万人

年份	常住人口	户籍人口	户籍老年人口	户籍老年人口比重(%)	流动老年人口	常住老年人口	常住老年人口比重(%)
2016 年	2437.92	1457.16	455.78	31.28	41.64	497.42	20.40
2017 年	2449.55	1465.78	480.13	32.76	45.83	525.96	21.47
2018 年	2461.23	1474.46	505.78	34.30	50.46	556.24	22.60
2019 年	2472.97	1483.18	532.79	35.92	55.54	588.33	23.79
2020 年	2484.76	1491.96	561.26	37.62	61.14	622.4	25.05

数据来源：作者根据上海市公安局人口统计数据整理计算所得。

灰色理论的特点在于根据历史数据进行多次运算，因此其可靠性与历史数据有着诸多联系。灰色理论预测结果表明，随着上海市老龄化的深入发展，2020 年上海市 60 岁及以上户籍老年人口达 561.26 万，占户籍总人口的 37.62%；老年流动人口在 2020 年将达 61.14 万人；常住老年人口将达 622.4 万，常住老年人口占比达 25.05%。

4.1.2.3　双线性开放—动态人口模型

1)模型建构

双线性开放—动态人口模型，是当前常用的人口预测方法之一。在宋健人口预测模型基础上，采用双线性开放—动态人口模型，对上海 2016—2020 年人口进行预测。

假设以 1 年为基本单位单元，按周岁计算，最大年龄为 M 岁，$X_i(t)$ 表示第 t 年 i 周岁的人数，$t=1,2,3\cdots,N$；$i=0,1,2,3\cdots,90$。$d_i(t)$ 为死亡率，表示第 t 年 i 周岁的人，列模型如下

$$d_i(t)=\frac{X_i(t)-X_{i+1}(t)}{X_i(t)}$$

第$(t+1)$年人口数为$X_i(t+1)$，并且

$$X_i(t+1)=(1-d_i(t))*(X_i(t)+g_i(t))$$

其中，$t=1,2\cdots,N$；$i=0,1,2\cdots,89$；$(1-d_i(t))$为存活率，表示第 t 年 i 周岁的人；$g_i(t)$为第 t 年净流入的人口中 i 周岁的人数；$\sum_{i=1}^{m} g_i(t)=g(t)$为第 t 年净流入的人口数。

$$X(t+1)=\begin{bmatrix} 0 & 0 & \cdots & 0 & 0 \\ 1-d_1(t) & 0 & \cdots & 0 & 0 \\ 0 & 1-d_2(t) & \cdots & 0 & 0 \\ \vdots & \vdots & \ddots & \vdots & \vdots \\ 0 & 0 & \cdots & 1-d_{m-1}(t) & 0 \end{bmatrix}\times$$

$$\begin{bmatrix} X_1(t)+g_1(t) \\ X_2(t)+g_2(t) \\ \vdots \\ \vdots \\ x_m(t)+g_m(t) \end{bmatrix}+\begin{bmatrix} X_1(t+1)+g_1(t+1) \\ 0 \\ 0 \\ \vdots \\ 0 \end{bmatrix}=$$

$$A(t)[X(t)+G(t)]+\widetilde{x}(t+1)$$

上述模型中，$A(t)$，$X(t)$，$G(t)$，$\widetilde{x}(t+1)$代表存活率矩阵、人口结构向量、外地流入人口结构向量和一定时空范围内的新生儿向量。而 t 年和$(t+1)$年人口需要进行相应预测，模型如下：

$$f(t)=\sum_{i=i1}^{i2} b_i(t)k_i(t)(X_i(t)+g_i(t))$$

综合所得人口年龄结构模型：

$$X(t+1)=A(t)[X(t)+G(t)]+\beta(t)B(t)[X(t)+G(t)]+\widetilde{g_1}(t+1)$$

2)上海老年人口预测

分性别的人口年龄构成。根据上海市“六普”常住人口百岁表，作为预测的基础数据。以下是双线性开放—动态人口模型人口预测的假设条件：

首先，分性别年龄的人口迁移模式假设。限于有限的数据条件，本书用户籍人口年龄结构推算户籍迁移人口的年龄结构，户籍迁移人口年龄结构相对稳定。利用 2010 年“六普”数据中外来人口年龄结构，估算预测年份的外来人口年龄结构。

其次，育龄妇女的生育模式假设。针对户籍育龄妇女的生育模式，利用“六

普”数据中上海户籍育龄妇女分年龄的生育率;针对流动人口妇女的生育模式,采用“六普”数据作为基准。无论是户籍育龄妇女还是流动人口妇女,都充分考虑二胎政策放开的影响。

再次,分性别年龄的死亡模式假设。基于上海近几年人口死亡率的数据,整体变动不大,预期寿命较高的现实情况,采用“六普”数据的死亡构成表为基准。

经过测算可知:到 2020 年,上海 60 岁及以上户籍老年人口达 544.62 万,占户籍总人口的 37.10%;60 岁及以上常住老年人口将达 598.82 万,占常住总人口的 24.16%。如表 4-10 所示。

表 4-10 上海市双线性开放—动态人口模型老年人口预测结果 单位:万人

年份	常住人口	户籍人口	户籍老年人口	户籍老年人口比重(%)	流动老年人口	常住老年人口	常住老年人口比重(%)
2016 年	2431.3	1446.1	456.40	31.56	41.2	497.60	20.47
2017 年	2445.6	1451.1	479.17	33.02	44.87	524.04	21.43
2018 年	2456.6	1456.1	500.07	34.34	47.57	547.64	22.29
2019 年	2467.6	1461.9	521.87	35.70	50.63	572.50	23.20
2020 年	2479	1468	544.62	37.10	54.2	598.82	24.16

数据来源:作者根据上海市公安局人口统计数据整理计算所得。

4.1.2.4 老年人口预测结果比较与分析

上海市中国改革开放的前沿阵地,长江经济带的龙头,并且随着未来上海“四个中心”建设及自贸区的推进,外来流动人口还将大量集聚。因此,本书对于上海市外来常住人口数和户籍人口数的预测采用了多种方案,不同的预测方案,会产生不同的预测结果。本书采用三种预测方法,对 2020 年上海常住老年人口规模进行了预测。其中灰色预测结果为上海常住老年人口将达 622.4 万,占常住总人口的 25.05%。双线性开放—动态人口模型结果显示常住老年人口将达 598.82 万,占常住总人口的 24.16%。

不同生育水平和导入的外来人口对老龄化的程度有较为显著的影响,按照分要素分析法,高方案认为上海市 2020 年 60 岁及以上常住老年人口将达 644.67万,老龄化程度达 23.37%;低方案显示 2020 年 60 岁及以上常住老年人口将达 600.61 万，老龄化水平为 24.29%；中方案显示 2020 年 60 岁及以上常住老年人口将达 618.38 万，老龄化水平为 23.56%。

综合分析，分要素预测方案的中方案与灰色预测方案相似，而分要素预测方案的低方案与双线性开放—动态模型相类似。双线性开放—动态模型和分要素预测方案的低方案考虑的因素比较多，并考虑了上海市人口调控和当"单独二孩"政策的效果，根据这两种方法的预测，600 万可能是 2020 年上海市人口老龄化最真实的写照。

综上几种预测方案，本书认为手段和方法较为合理，预测差距控制在一定的合理范围之内。在当前上海严厉的人口调控政策未发生明显变动情况下，外来人口导入规模有限，2020 年 60 岁及以上的户籍老年人口将达 545 万左右，约占户籍总人口的 37%，若将外来常住老年人口考虑在内，2020 年上海市常住老年人口数将有可能达 600 万，常住老年人口占常住总人口的 24%。

4.1.3　老年人口结构预测

4.1.3.1　老年人口性别结构变化趋势

根据统计年鉴显示，上海市老年总人口性别比由 2015 年 0.9157 上升到 2020 年 0.9289。2020 年上海老年人口不同年龄段的性别比有所不同，如图 4-3 所示，各个年龄段老年人口女性都多于男性，100 岁及以上的性别比最小，达到 0.35。

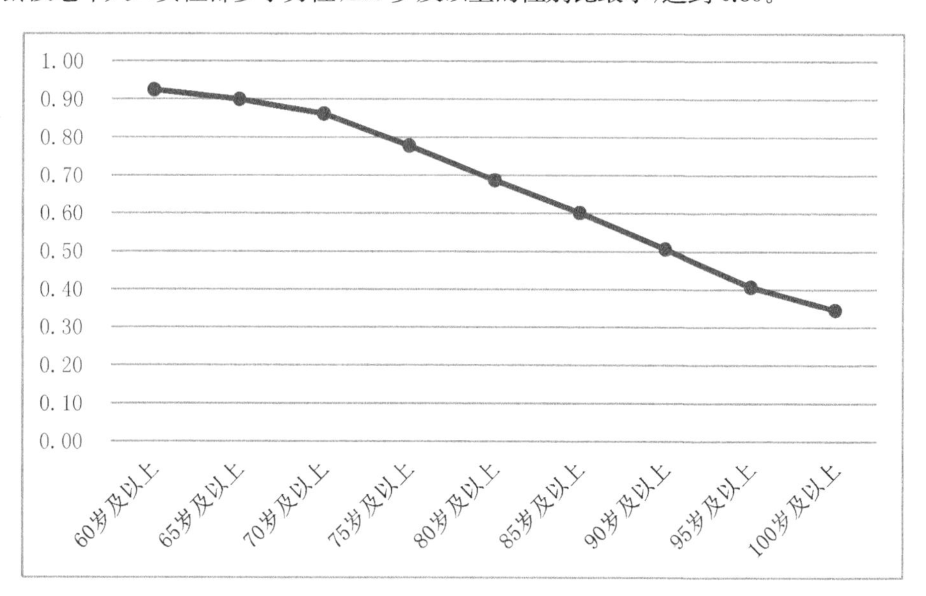

图 4-3　2020 年上海市老年人口分年龄性别比曲线

从总体趋势来看，60 到 70 岁之间，虽然这一阶段女性多于男性老年人口，但老年总人口性别比下降趋势平缓，这主要受到人口年龄结构及男性的生理素质的影响，随着年龄的增长，男性预期寿命趋于减小，而女性老年人口相反。70 岁及以上的老年人口女性老年人口明显多于男性老年人口，因而性别比趋于减小，呈现快速下降态势，如图 4－3 所示。

4.1.3.2 老年人口年龄结构变化趋势

人口年龄结构是决定出生、死亡的重要变量，研究老年年龄结构，对于分析老年人口发展和变化的规律是十分必要的。

上海市老年人口和老龄事业监测统计调查，是上海市民政局、上海市统计局和上海市老龄委对上海老龄人口各项数据统计的权威调查，其数据广泛运用于上海的老年政策制定过程中。数据显示截至 2020 年年底，上海全市户籍人口 1 478.09万人，其中：

60 岁及以上老年人口 533.49 万人，占总人口的 36.1%；60 岁及以上人口增加了 15.37 万人，增长 3.0%；占总人口比重从 35.2%增至 36.1%。

65 岁及以上老年人口 382.44 万人，占总人口的 25.9%；65 岁及以上人口增加了 20.79 万人，增长 5.7%；占总人口比重从 24.6%增至 25.9%。

70 岁及以上老年人口 233.47 万人，占总人口的 15.8%；70 岁及以上人口增加了 12.76 万人，增长 5.8%；占总人口比重从 15.0%增至 15.8%。

80 岁及以上高龄老年人口 82.53 万人，占 60 岁及以上老年人口的 15.5%，占总人口的 5.6%；80 岁及以上人口增加了 0.55 万人，增长 0.7%；占总人口比重从 5.57%增至 5.58%。

100 岁及以上老年人口 3 080 人，其中男性 792 人，女性 2 288 人；100 岁及以上人口增加了 351 人，增长 12.9%；每 10 万人中拥有百岁老人数从 18.6 人增加到 20.8 人。

具体如表 4－11 所示。

表 4－11 2020 年上海市老年人口年龄结构 单位：万人

年龄段	合计老年人口	占总人口比重(%)
60 岁及以上	533.49	36.1
65 岁及以上	382.44	25.9
70 岁及以上	233.47	15.8

（续表）

年龄段	合计老年人口	占总人口比重(%)
80 岁及以上	82.53	5.6
100 岁及以上	3050(人)	

数据来源：作者根据上海市老龄委的相关数据整理所得。

从 2016 到 2020 的五年间，根据上海市统计年鉴、上海市老年人口统计公报等统计显示，上海市老年人口的年龄构成发生了变化(见表 4-12)。其中，60～64 岁老年人口数量虽然在 2018 年达到最高，但总体呈现下降趋势。而从 65 岁及以上的年龄结构开始，都呈现总体上涨的趋势。其中 65～69 岁年龄组从 2016 年的 110.68 万人上涨到 2020 年的 148.97 万人，增加 38.29 万人；70～79 岁年龄组从 2016 年到 2020 年增加 41.98 万人；80 以上年龄组从 2016 年到 2020 年增加了 2.87 万人。上海老年人口高龄化趋势明显，在 2020 年上海市老龄化已经进入深度高龄化状态。

表 4-12 2016—2020 年上海市老年人口年龄结构 单位：万人

年份	合计老年人口	60～64 岁	65～69 岁	70～79 岁	80 岁以上
2016	457.79	158.76	110.68	108.96	79.66
2017	483.6	165.93	119.96	117.13	80.58
2018	503.28	166.38	128.65	126.58	81.67
2019	518.12	156.46	140.95	138.73	81.98
2020	533.49	151.05	148.97	150.94	82.53

数据来源：作者根据上海市老龄委、上海市统计局的相关数据整理计算所得。

4.2 上海老年人口空间分布特征

老年人口空间分布是健康服务设施建设、健康服务资源配置规划的基础和依据，了解不同年龄、性别、健康状况的老年人健康需求，对优化配置老年人健康资源具有重要意义。

基于 2016 年上海市公安局人口统计数据，本书按照国际 60 岁和 65 岁老年人口标准，从数量、密度、年龄结构等方面，对 2016 年上海市户籍老年人口、流动老年人口和常住老年人口的分布情况进行综合比较分析。

4.2.1 老年人口数量空间分布

4.2.1.1 60 岁及以上老年人口空间分布

根据图 4 - 4 所示，上海 60 岁及以上老年人口的空间分布，总体呈现中心高、四周低的总体特征，向处于城郊结合的近郊区扩散趋势明显，区域空间分布不平衡。在常住老年人口的分布中，宝山区的大场镇 60 岁及以上老年人口数量达到 62 229 人，位居全市第一。杨浦区的殷行街道、虹口区的提篮桥街道、浦东新区的三林镇和闵行区的莘庄镇排名在前。

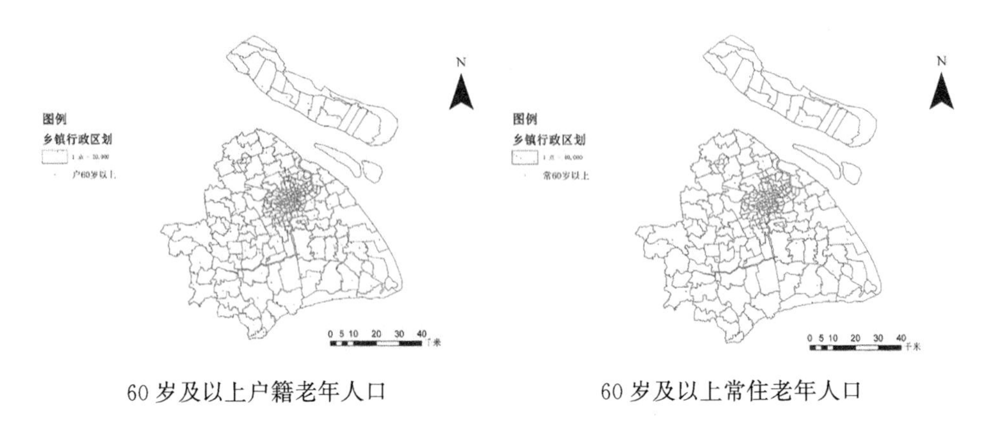

60 岁及以上户籍老年人口　　60 岁及以上常住老年人口

图 4 - 4 上海市 60 岁及以上老年人口空间分布点值图

不同户籍的老年人口空间分布，内部存在较大差异。其中，户籍 60 岁以上老年人口主要集聚在城市核心区，有向近郊区扩展的趋势如浦东新区、闵行区和宝山区等，远郊区老年人口数量相对较少[①]。其中户籍老年人口分布最多的为虹口区的提篮桥街道和杨浦区的殷行街道，分别为 53 524 人和 53 265 人，宝山区的大场镇、普陀区的真如镇、浦东新区的三林镇则依次排在前五位。

与户籍老年人口相比，60 岁及以上流动老年人口的分布更多集聚在郊区，

---

① 华东师范大学人口学研究所高向东教授采取行政区划法将上海市划分为中心城核心区、中心城边缘区、近郊区和远郊区。根据 2011 年上海行政区划中心城核心城区包括黄浦、静安和虹口等 3 个区，中心边缘城区包括徐汇、长宁、普陀、闸北和杨浦等 5 个区，近郊区包括浦东新区、闵行、宝山和嘉定 4 个区，远郊区包括松江区、金山区、青浦区、奉贤区和崇明区共 5 个行政区划单位。具体见参考文献。

特别是处于城乡结合的近郊区，这与整体流动人口的集聚分布趋势相一致。其中闵行的莘庄、浦东的花木、松江九亭、浦东的康桥、宝山的大场排在了前五位，流动老年人口分别为 13 775 人、13 212 人、13 048 人、12 312 人和 12 311 人。

4.2.1.2　65 岁及以上老年人口空间分布情况

如图 4－5 所示，上海 65 岁及以上老年人口空间分布与 60 岁及以上老年人口总体趋势类似，都呈现中心高、四周低的总体特征，中心城区聚集但向郊区扩散的趋势明显，特别是向处于城郊结合的近郊区扩散趋势明显，区域空间分布不平衡。65 岁常住老年人口中，宝山区的大场镇常住老年人口数量全市第一，为 37 758 人。杨浦区的殷行街道、虹口区的提篮桥街道、浦东新区的三林镇和闵行区的莘庄镇位居前列。

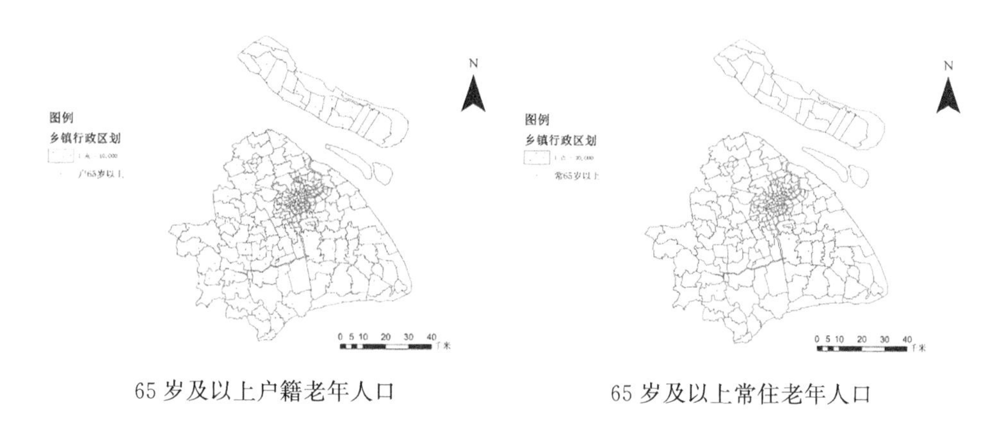

65 岁及以上户籍老年人口　　　　65 岁及以上常住老年人口

图 4－5　上海市 65 岁及以上老年人口空间分布点值图

不同户籍老年人口空间分布存在差异。其中户籍 65 岁以上老年人口的分布，城市核心区集聚的趋势较为明显，杨浦区的殷行街道、虹口区的提篮桥街道、宝山区的大场镇，分别为 33 746 人、32 799 人和 31 693 人，排在前两位，其次是浦东新区的川沙镇和金杨新村街道排在其后，总体位于前五位。

与户籍老年人口相比，65 岁及以上流动老年人口的分布更多集聚在郊区，特别是处于城乡结合的近郊区，这与全流动人口的集聚分布趋势相一致。其中浦东新区的花木、闵行区的莘庄、松江区的九亭、宝山区的大场、浦东的康桥分列前五位。

4.2.2 老年人口密度空间分布

4.2.2.1 60 岁及以上老年人口密度分布

据图 4－6 显示，上海市 60 岁及以上老年人口密度呈现中心集聚的典型特征。其中 60 岁以上常住老年人口趋势与整体老年人口趋势分布相似。最多的区域为虹口区的提篮桥街道，达到 29 720 人/平方公里，黄浦区豫园街道和老西门街道、虹口区嘉兴路街道和四川北路街道、卢湾区淮海中路街道、黄浦区外滩街道都超过了 20 000 人/平方公里。

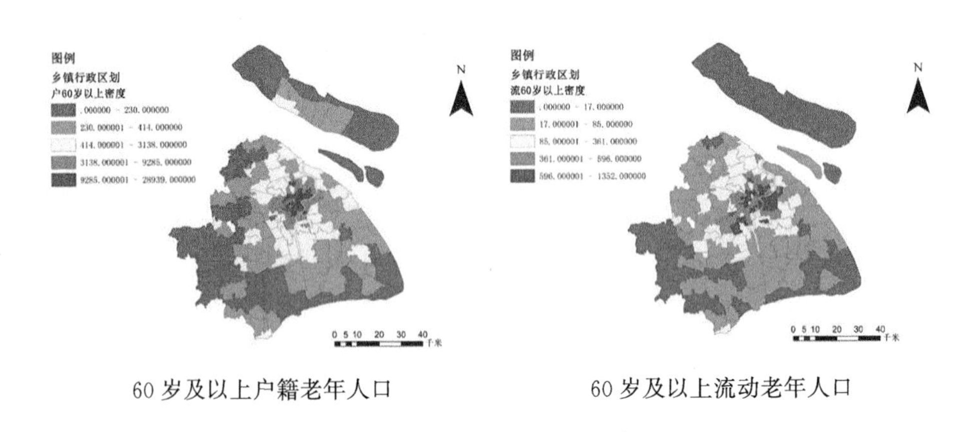

60 岁及以上户籍老年人口　　　　60 岁及以上流动老年人口

图 4－6　上海市 60 岁及以上老年人口密度空间分布图

60 岁及以上户籍老年人口，密度呈现高度积聚在中心城区的基本特征，从中心城区到近郊区到远郊区依次减少的分布态势。其中 60 岁以上户籍老年人口密度最高的地区为虹口区提篮桥街道，达到 28 939 人/平方公里。黄浦区的豫园街道、老西门街道、外滩街道和虹口区的嘉兴路街道、四川北路街道以及卢湾区的淮海中路街道 60 岁老年人口密度都超过了 20 000 人/平方公里。

流动老年人口近年来增长迅速，通过统计数据发现，更多流动老年人口积聚在中心城边缘区，并向城乡结合的近郊区转移趋势明显。流动老年人口主要分为以下几种情况：在上海照顾子女的人群、在上海务工的流动老年人口等，近几年来数量呈现不断上升态势。其中 60 岁及以上流动老年人口最多的区域为浦东新区的浦兴路街道，达到了 1 352 人/平方公里。嘉兴路街道、宜川路街道、豫园街道和老西门街道、曹家渡街道等流动老年人口密度都超过了 1 000 人/平方公里，排名前几位，这与常住老年人口的分布趋势相一致，主要集聚在中心城区，有向近郊区扩展的趋势。

4.2.2.2　65岁及以上老年人口密度分布

65岁及以上老年人口的密度分布情况与60岁及以上的老年人口分布基本类似，呈现高度中心积聚的特点，如图4-7。65岁以上常住老年人口最多的为虹口区的提篮桥街道，达到18 178人/平方公里，黄浦区豫园街道和老西门街道、虹口区四川北路街道和嘉兴路街道分别排在前五位，分别为17 655人/平方公里、17 063人/平方公里、16 313人/平方公里、16 304人/平方公里。

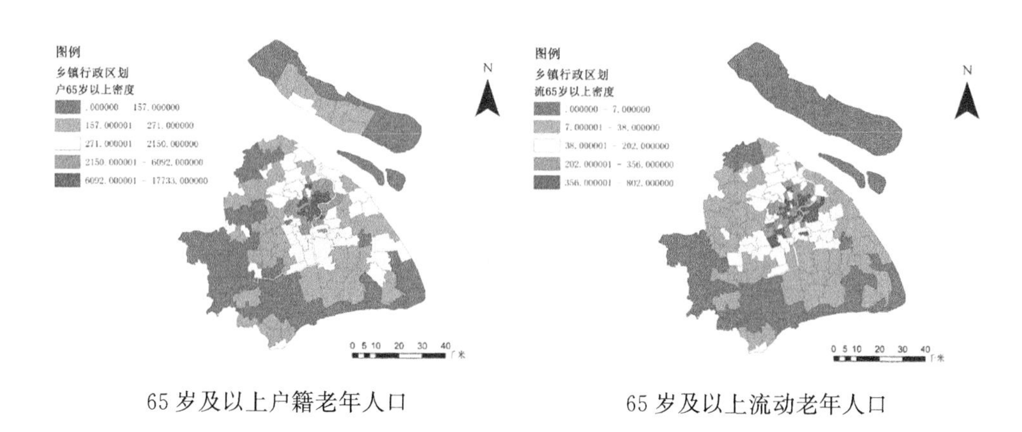

65岁及以上户籍老年人口　　65岁及以上流动老年人口

图4-7　上海市65岁及以上老年人口密度空间分布图

在对65岁及以上户籍老年人口密度分布分析中发现，呈现高度中心集聚的特征。其中虹口区提篮桥街道以17 733人/平方公里排名第一，黄浦区的豫园街道、老西门街道，虹口区的四川北路街道、嘉兴路街道则依次排列，占据了上海老年人口密度最高的前五位，皆超过15 000人/平方公里。

65岁以上流动老年人口密度分布与户籍老年人口分布有一定差异，除呈现集聚特征之外，向郊区特别是近郊区扩散的趋势开始显现。其中最高的为虹口区的嘉兴路街道，达到802人/平方公里。浦东新区的浦兴路街道、普陀区的宜川路街道、静安区曹家渡街道、长宁区的周家桥街道、闵行区的古美路街道依次排列在后。

4.2.3　老年人口年龄结构空间分布

研究老年人口与健康资源空间匹配，需要深入研究不同年龄段老人的分布情况，不同年龄段老人的健康资源需求差异巨大。根据国际经验标准，将60～

69 岁称为低龄老年人，70～79 岁称为中龄老年人，高龄老人一般以 80 岁以上为判定标准。不同年龄的老年人口，其老年健康需求存在较大差异，如低龄老人的医疗护理需求远低于高龄老人的需求等。不同年龄老年人口的空间分布，是老年人口健康资源优化配置的重要前提。

4.2.3.1　60～69 岁低龄老年人口分布

不同年龄的老年人口在空间上也存在着差异性。图 4－8 显示，上海市 60～69 岁的低龄老年人口空间分布总体呈现中心集聚特征，有向郊区扩散的态势。常住低龄老年人口的分布如图 4－8 所示，呈现中心城区集聚，但向郊区扩散的明显态势。其中宝山区的大场镇以 42 075 名的低龄老人规模居全市之首，浦东新区三林镇、北蔡镇，虹口区提篮桥街道、杨浦区殷行街道、闵行区莘庄镇排在前几位。这为满足中龄老年人口需要的健康资源如医疗资源等，提出了较大挑战，健康资源要适应中龄老年人口郊区化的变动，满足郊区中龄老年人口较多的医疗需求。

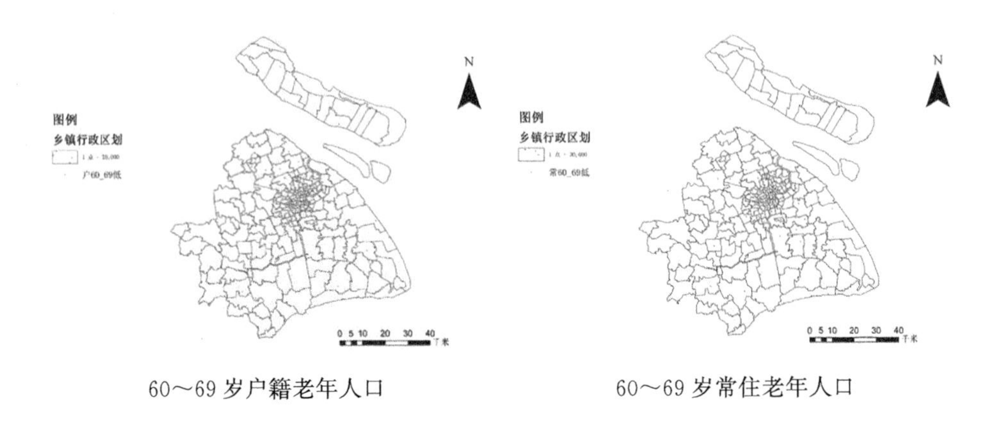

60～69 岁户籍老年人口　　60～69 岁常住老年人口

图 4－8　上海市 60～69 岁老年人口空间分布点值图

户籍低龄老年人口主要集聚于中心城区，其中虹口区提篮桥街道以 33 946 人排名第一，虽然有向郊区扩散的趋势如浦东、闵行，但仅限于近郊区的个别地区，总体趋势较弱。这对中心城区的健康资源配置形成了严峻挑战。

60～69 岁的低龄流动老年人口分布与常住和户籍低龄老年人口分布差异较大，低龄流动老年人口主要积聚在郊区，特别是城乡接合部的近郊区。其中，松江区的九亭镇以 10 381 人排列第一。闵行区的莘庄，浦东新区的康桥镇、花木街道、三林镇、北蔡镇，宝山区的大场镇则排列在前几位。

4.2.3.2　中龄70～79岁老年人口分布

70～79岁中龄老年人口分布总体呈现中心集聚特征，郊区化趋势相对比较明显，如图4－9。常住人口吻合这一总体分布特征，近郊区分布逐渐增加。其中闵行区的莘庄镇以13 792名中龄常住老年人位居全市第一。

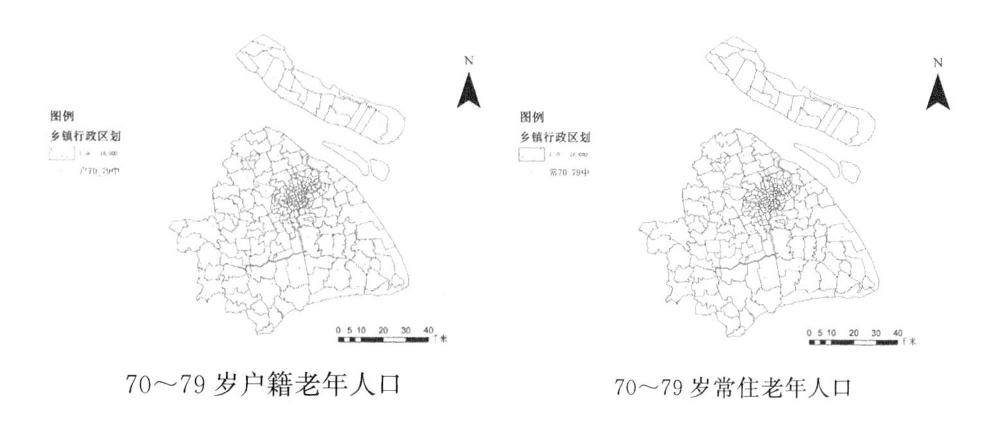

70～79岁户籍老年人口　　70～79岁常住老年人口

图4－9　上海市70～79岁老年人口空间分布点值图

不同户籍中龄老年人口分布存在差异。户籍70～79岁中龄老人呈现中心城区聚集典型特征。其中浦东新区的祝桥镇以11 818人排名第一，近郊的闵行、浦东以及远郊的奉贤、崇明都有较多的中龄户籍老年人口分布。

流动中龄老年人口分布如图4－9所示，呈现明显的郊区化趋势，特别是城郊结合地区的近郊区中龄老年人口集聚明显。浦东新区的花木街道、康桥镇，闵行区莘庄镇、七宝镇，松江区九亭镇，宝山区的大场镇流动中龄老年人口排在前几位。

4.2.3.3　高龄80岁及以上老年人口分布

在对80岁及以上老年人口分布进行分析时，发现其分布与“低龄”和“中龄”老年人口分布略有差异，呈现中心城区和郊区都比较多的特点，中心城区仍然集聚了大批高龄老年人口，但郊区化趋势明显。这对健康资源的空间配置提出了挑战和要求，要提前顶层设计，提早应对。

其中户籍80岁以上高龄老人分布如图4－10所示，在中心城区，中心城核心区和边缘区都分布较多，近郊区分布增加。常住老年人口分布类似。其中虹口区的提篮桥街道以9 544名户籍高龄老人和9 612名常住高龄老人位居全市第一。

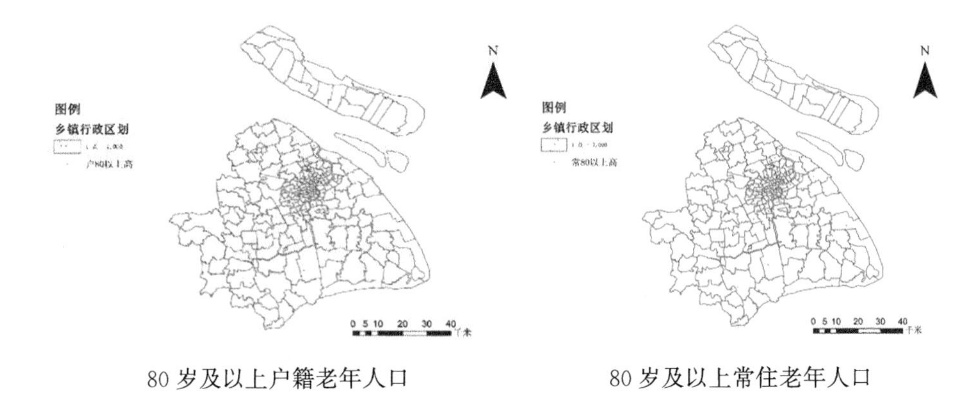

图 4-10 上海市 80 岁及以上老年人口空间分布点值图

流动 80 岁及以上高龄老人，总体规模数量较少，但绝对数量仍然较大，主要分布在郊区的近郊区。其中宝山区的月浦镇有 806 名流动高龄老人，排列全市第一，闵行区的莘庄镇和七宝镇、浦东新区花木街道、宝山区大场镇、松江区九亭镇排列全市前几位，这些流动高龄老人的健康需求与当地的健康资源之间的矛盾日益加深。这要求健康资源的配置既要满足中心城区的老年人口需求，又要提前谋划，应对老年人口郊区分布的新变化。

4.2.4 老年人口分布预测

以 2015 年作为基本年，根据当时上海市的辖区设置，根据分要素预测中方案的预测，2020 年浦东新区的常住人口为 576.20 万人。全市各区老年人口预测如图 4-11 所示。2020 年上海市老年人口呈现由东北向西南递减的趋势。2020 年上海市各区老年人口超过 30 万的有宝山区、虹口区、黄埔区、闵行区、浦东新区、普陀区、徐汇区、杨浦区、静安区，和 2010 年相比，增加了宝山区、虹口区、黄埔区、闵行区、普陀区、徐汇区、杨浦区、静安区。其中，浦东新区老年人口达到了 103.69 万，位列全市 16 个区首位，另外，长宁区、嘉定区、松江区、崇明区的老年人口数也均超过了 20 万，青浦区、奉贤区、金山区的老年人口数都在16～20 万。

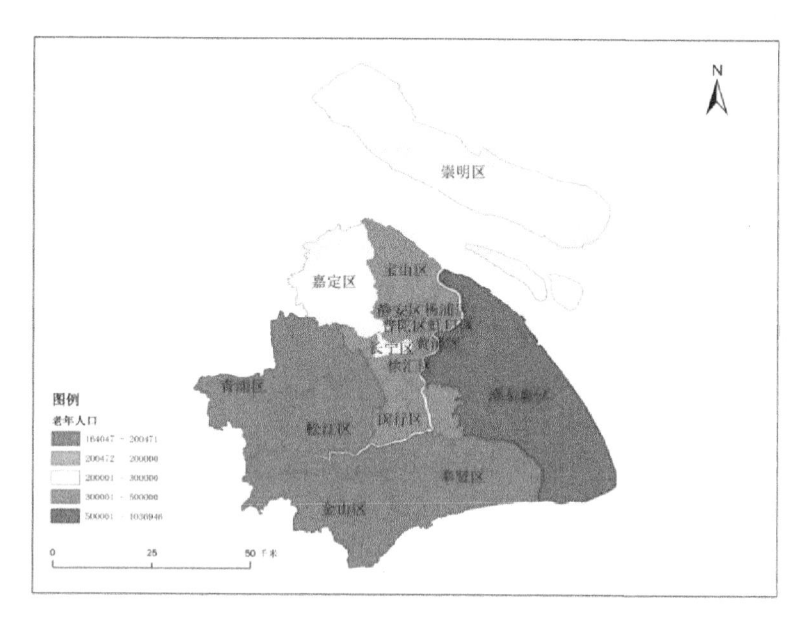

图 4－11　2020 年上海市分区老年人口分布图

老年人口数量的分布不能很准确反映老年人口的分布趋势，人口分布变动对经济活动的影响更多是通过人口的集聚程度来影响。根据中方案的预测，2020 年上海市老年人口密度分布如图 4－12 所示。

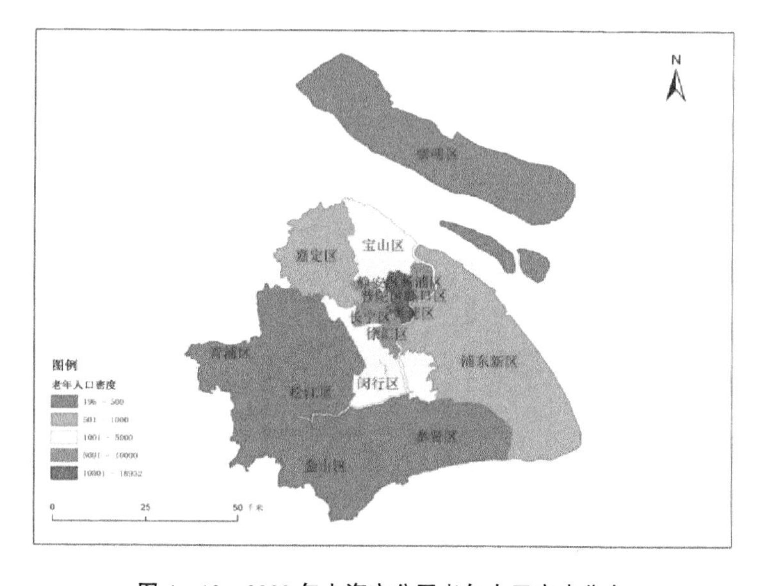

图 4－12　2020 年上海市分区老年人口密度分布

如图 4 - 12 所示，上海市老年人口密度大体上呈现中间高、四周低的态势，区域分布不平衡显著，各区间老年人口密度差异最高达 96 倍。中心城区老年人口密度达到了 14 000 人/平方公里，如黄浦区、静安区和虹口区等。郊区的老年人口密度与中心城区差异巨大，其中近郊区老年人口密度达到 1 000 人/平方公里 如闵行区、闸北区、宝山区等。而远郊区老年人口密度较小，浦东新区、嘉定区、松江区、金山区、奉贤区、青浦区老年人口密度均在 240～750 人/平方公里之间；崇明区老年人口密度最小，仅为 196 人/平方公里。老年人口密度的巨大差异成为各类老年人健康资源配置的重要影响因素，要对中心城区、近郊、远郊形成差异化的资源配置，制定不同的政策。

基于上海老年人口的数量和密度预测，计算出 2020 年上海市各区的老龄化程度，如图 4 - 13 所示。经分析可以发现：①总体来看，上海市向深层次老龄化方向发展，各区在 2010—2020 年间的老年人口比重均表现为上升态势，其中提高幅度最多的四个区为长宁区、普陀区、虹口区和黄浦区。②上海老龄化呈现“圈层”结构特点。中心城核心区老龄化最为明显，中心区边缘区次之，近郊区老龄化水平全市最低，远郊区老龄化水平有所上升。

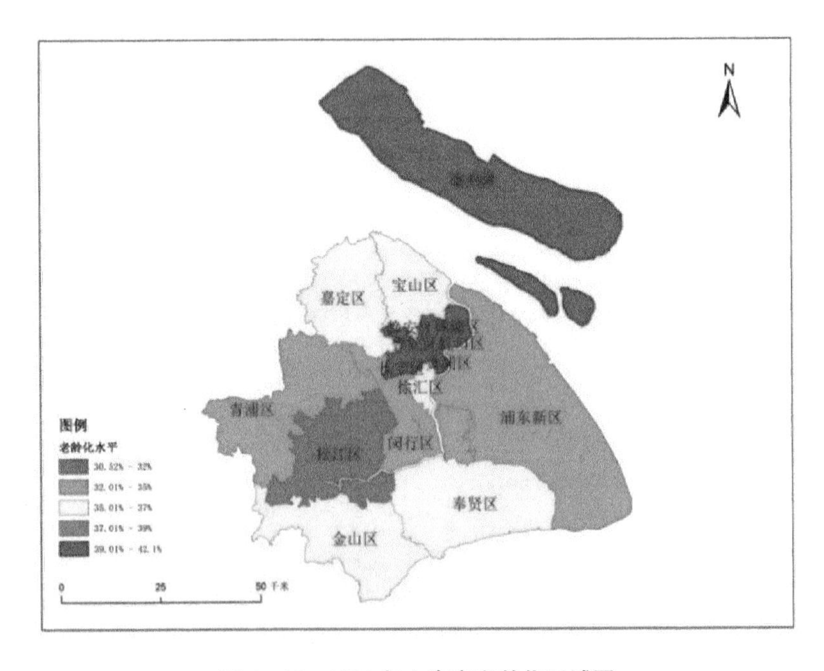

图 4 - 13　2020 年上海市老龄化区域图

4.2.5 老年人口分布评价

4.2.5.1 全局空间自相关分析

全局空间自相关分析是空间回归分析的主要方法之一，用于判断全局空间布局特征。本书选取2011年到2015年上海60岁以上老年人口，进行全局空间自相关分析。

根据Open-GeoDa软件计算得到上海2011—2015年17个单元的60岁以上老年人口密度分布的全局Moran's I值。如表4-13所示。

表4-13 2011—2015年上海60岁以上老年人口全局空间自相关分析

年份	Moran's I	E(I)	Z-Value	P-Value
2011	0.494819	−0.062500	6.468566	0.000000
2012	0.497465	−0.062500	6.499417	0.000000
2013	0.499915	−0.062500	6.528011	0.000000
2014	0.502959	−0.062500	6.563491	0.000000
2015	0.479423	−0.062500	6.290001	0.000000

数据来源：根据2012—2016年《上海统计年鉴》数据整理所得。

基于2011—2015年上海统计年鉴数据，进行全局空间自相关分析。研究发现，Moran's I值均为正，呈现正的空间自相关关系，老年人口空间分布呈现区域集中的特点。张强，高向东(2017)运用Open－GeoDa软件中蒙特卡罗模型进行数据模拟，对Moran's I值的显著性进行检验，标准正态分布99.9%置信区间双侧检验值临界值Z约为3，老年人口密度正态统计量的5期值均大于该临界值，这说明全局空间自相关Moran's I值在显著度水平为0.001下显著，统计结果可信。其空间关联特征是老年人口密度较低的区域相邻接，密度较高的地区相邻接，上海老年人口空间分布的同质性较强。

根据全局空间自相关分析的基本原理，Moran's I值的变化趋势能够总体反映一个地区的人口变化趋势。对2011年到2015年上海老年人口的全局Moran's I进行分析，发现总体呈现上升态势，表明上海老年人口在不同区域集聚程度都有所增加。发生这种现象的原因可能是不同区域的社会公共服务资源特别是老年人口健康资源，得到了不同程度的增加。2015年呈现下降趋势，说明随着人口郊区化趋势的扩展，上海基本公共服务均等化政策的推进，上海老年人口分布高度集聚的特点有降低的趋势，政策效果初现。

4.2.5.2 局部空间自相关分析

局部空间自相关是显示局部空间分布特征的一种统计方法，是对全局空间分布未能显示微观特征的有效弥补。运用软件 GeoData 创建 Rook 权重矩阵，产生四大象限。其中第一象限（H－H）代表区域与相邻区域属值较高，呈现高度集聚特征。第二象限（L－L）代表区域与相邻区域属性较低，呈现同质性强的特征。第一和第三象限表达存在空间正相关关系。第二（L－H）和第四象限（H－L），则呈现异质性特征，区域与相邻区域差异较大，集聚特征弱。

根据这一原理，对上海老年人口 2011 年至 2015 年数据进行空间自相关分析，选取 2011、2013、2015 三年数据进行典型分析，如图（4－14）、图（4－15）、图（4－16）所示。

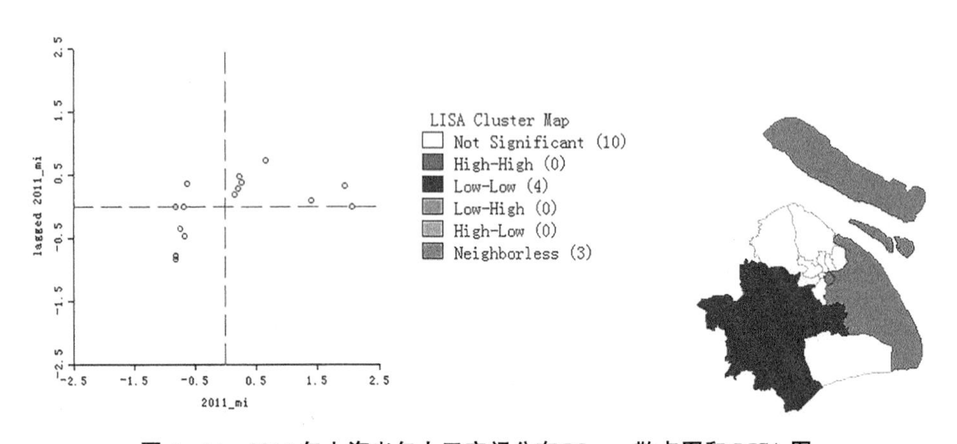

图 4－14 2011 年上海老年人口空间分布 Moran 散点图和 LISA 图

基于图 4－14 所示，空间分析软件 GeoData 所分析的上海老年人口空间分布 Moran 散点图和 LISA 图显示，第一象限属性点最多，表明这一区域和临近区域同质性高，上海老年人口空间分布呈现强集聚特征。第三象限的 LISA 图显示，较低区域也存在同质性强的特征。

根据图 4－15 所示，2013 年上海老年人口空间分布散点仍然以第一象限为主，呈现高度集聚特征。单 LISA 图显示，空间异质性有加大趋势，上海老年人口分布集聚特征有所减弱。而 2015 年上海老年人口空间分布又趋向于集聚，空间同质性增强，如图 4－16 所示。

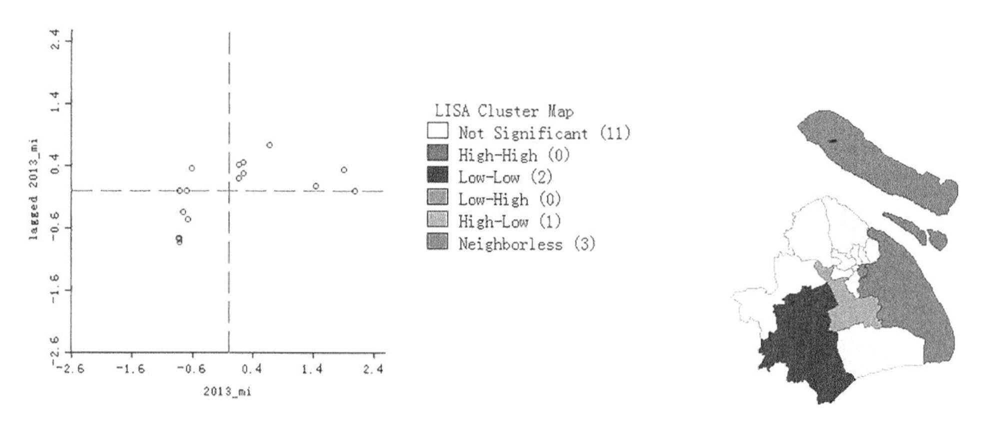

图 4 - 15　2013 年上海老年人口空间分布 Moran 散点图和 LISA 图

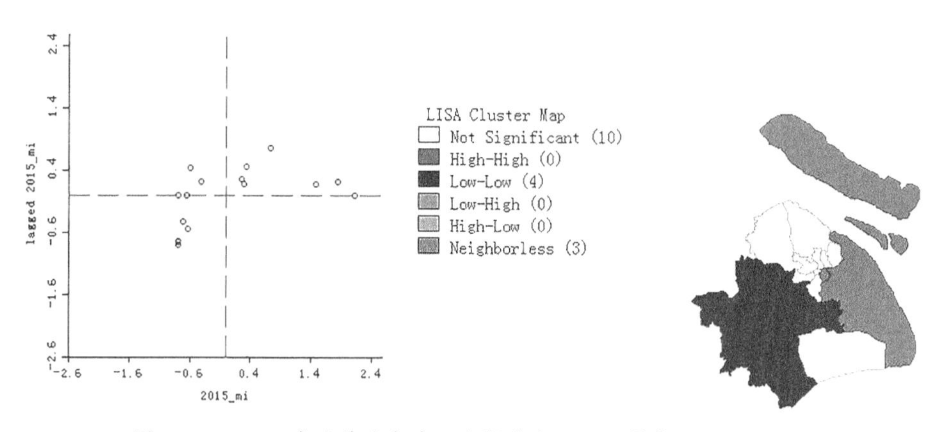

图 4 - 16　2015 年上海老年人口空间分布 Moran 散点图和 LISA 图

综上，近几年来，上海老年人口分布总体呈现高度同质性的集聚特征，但也在不同年份，有异质性变化的趋势。第一象限（“H－H”）的散点最多，表明区域和相邻属性值都较高，呈现高集聚特征。第三象限（“L－L”）的散点其次多，区域属性值较低，表明相邻区域的同质性较强。而第二、第四象限的散点较少，表明空间异质性强，有些时候是由于特殊的地理原因，也存在一些空间上的孤点如崇明（张强、高向东，2017）。

4.2.5.3　老年人口热点分析

人口热点分析即 G 统计，是判断人口聚类的最重要指标之一。基于 GIS 软件中的热点分析工具，对 2011 年到 2015 年上海老年人口在空间分布上的集聚差异进行了模型分析。根据局部空间自相关分析方法和 GIS 热点分析模型，发现发现一阶 Rook 空间权重矩阵，能够对上海老年人口集聚的热点进行较好的识别。

根据局部空间自相关模型，计算上海各区的 G＊I 统计量 Z 值，根据 Z 值绘制上海老年人口的热点分析图。在 1%显著水平下，根据 Z 值标准正态分布的标准差进行划分，将 Z 值大于 0.5 的定义为高热点区，Z 值介于[−0.5，0.5]的为热点区，Z 值在[−1.5，−0.5]的表示为随机分布区域，Z 值小于−1.5 的为显著冷点区域。经计算，结果如图 4－17 所示。

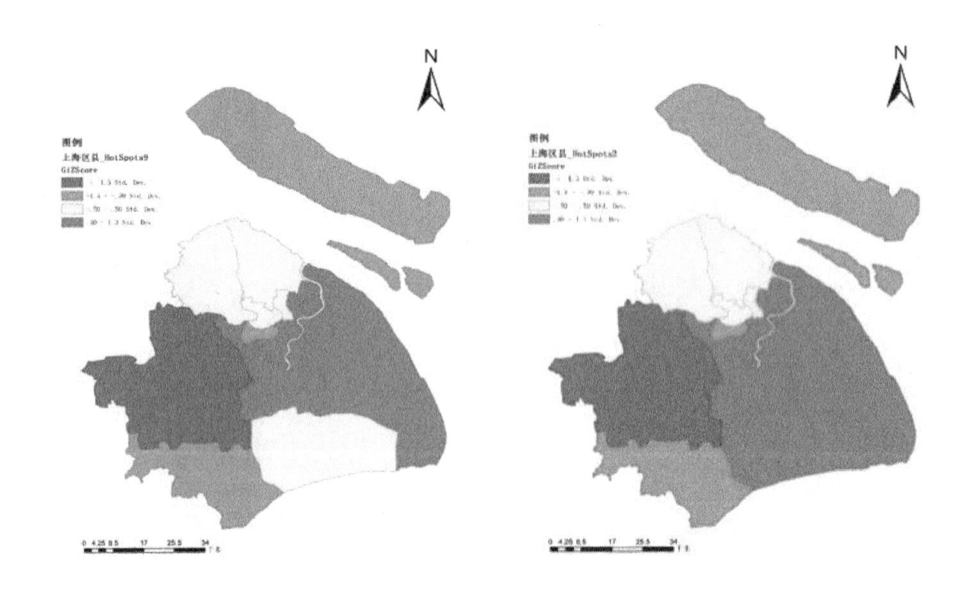

图 4－17　2013、2015 年上海老年人口热点图

上海老年人口热点分析的图 4－17 显示，上海老年人口的热点主要形成在中心城区、近郊区，这些热点区域与上海老年人口空间分布的区域基本吻合。但不同年份又有一定的差异。与 2013 年相比，2015 年上海老年人口的热点区域有所增加，这表明上海人口老龄化的程度有进一步加深的趋势，老年人口分布向郊区扩散。

4.2.5.4　上海老年人口集中指数变化分析

集中指数是反映人口或者社会经济活动，在一定时间和空间上的集中程度，是人口分布程度的重要评价指标。将这一评价方法运用于上海老年人口分布领域，反映上海老年人口的空间趋势变化。

根据人口集中指数测算模型，对上海老年人口进行测算。按照 60 岁及以上和 65 岁及以上两个年龄组进行集中指数测算，具体如图 4－18 所示。上海老年人口 2011—2015 年人口集中指数总体呈下降趋势，说明上海老年人口的空间分布趋于均匀。随着上海今年来人口政策的调整，基本公共服务均等化等措施的有力推进，越来越多的老年人口向郊区集聚，使得老年人口集中指数呈现下降趋势，人口分布更趋向于合理。

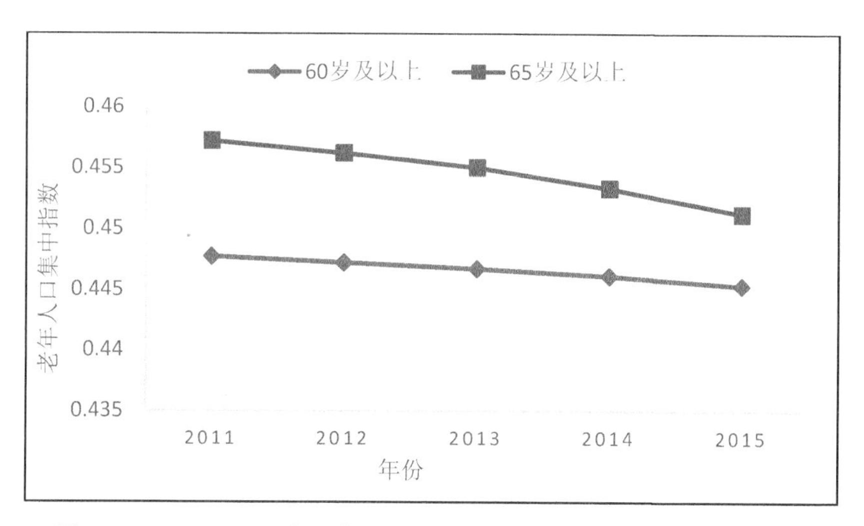

图 4－18　2011—2015 年上海 60 岁、65 岁及以上老年人口集中指数变化图

如图 4－18 所示，上海老年人口集中指数总体呈现下降态势，60 岁及以上和 65 岁及以上两个年龄段总体趋势类似，表明上海老年人口分布有向均匀转变的趋势。两种年龄结构的老年人口，在空间集聚程度上又存在一定的差异。60 岁及以上老年人口，相比较而言，其迁移和流动的能力和意愿都比较强，人口集中系数更小，分布更为均匀。65 岁及以上老年人口集中指与 60 岁及以上老年人口相比，指数较高，均匀度较弱。但其呈现急剧下降趋势，总体趋向于均匀。

对上海老年人口按照年龄组进一步细化分析，如图 4－19 所示，不同年龄组的老年人口集中指数总体都呈现下降态势，表明老年人口空间分布趋向于均匀。不同年龄组内部变化存在差异。其中 65～79 岁老年人口集中指数最小，表现其分布最为均匀。60～64 岁老年人口，在三个年龄组里面，趋势变动情况最明显。80 岁及以上老年人口 2011 到 2015 年变化趋势最为平缓。不同年龄组的集中指数变化趋势受老年人口的生理、心理和社会参与意识等多种因素的影响，总体表现低龄老人由于其相对流动迁移能力和意愿都较强，容易做出流动迁移的决策，从而导致其变动的幅度较大。而80岁及以上高龄老年人口，由于生理和心理等因素影响，意愿较弱，显示其曲线最为平滑。

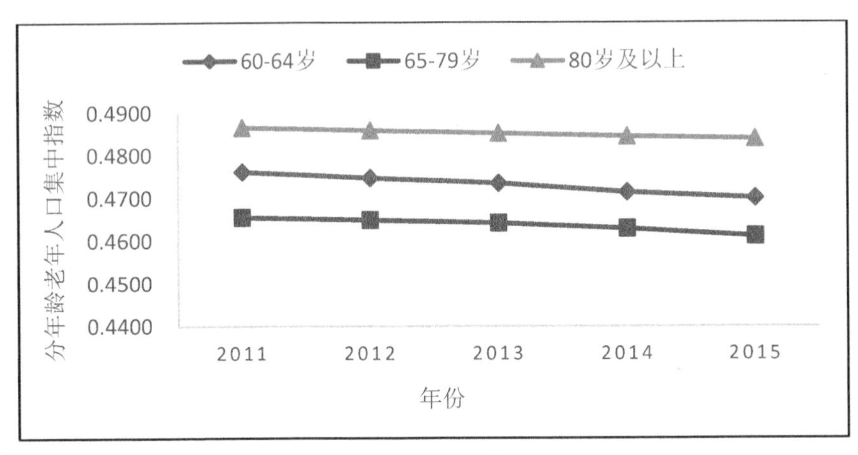

图 4-19　2011—2015 年上海分年龄组老年人口集中指数变化图

4.3　上海老年人口健康资源空间分布特征

4.3.1　老年人口健康资源指标设计

随着医学、生物学、生理学等学科科学技术的发展，人类对健康的理解，更加深刻和全面。从最初的健康就是不生病的理解，到1947年世界卫生组织认为健康是生理、心理和社会适应的综合体，健康的内涵和外延发生了巨大的变化。

老年人口健康资源就是所有能促进老年人生理、心理和社会参与的各种因素的总和。根据学术界的前期研究，按照健康资源对老年人健康的影响不同，可概括分类为老年人健康环境、服务和社会资源。大气、土壤、水资源、绿地资源、公园等各种自然环境组成了老年人健康环境资源。根据数据的可获得性和可比较性，本书选取绿地资源、公园数作为主要衡量指标；老年人健康服务资源主要包括与老年人健康密切相关的医疗卫生服务资源，本书以医疗机构数、床位数、卫生人员数作为主要指标；老年人健康社会资源，则是指所有为老年人健康提供支持的各种社会政策、体育、文化、教育等各种环境因素，本书选取养老机构数、日间照料中心等硬件资源和教育资源、体育资源等软件资源为指标。这三类指标与老年人健康密切相关，既有硬件资源，又有软件资源，相互配合，相互作用，缺一不可。

4.3.1.1 主成分分析基本原理

主成分分析是当前最为常用的指标分析方法之一，其作用在于将指标化繁为简，将众多的指标进行归类合并，最后形成较少的综合指标来代替原来众多的子指标。在具体问题分析的过程中，指标数量的减少有利于透过事物的表面现象，寻找到问题的本质，有利于问题的更好解决。

在定量模型分析中，归类因子指标Z_i与原始指标X_i之间的数量关系表示如下：

$$Z_1 = a_{11}x_1 + a_{12}x_2 + \cdots + a_{1m}x_m$$

$$Z_2 = a_{21}x_1 + a_{22}x_2 + \cdots + a_{2m}x_m$$

……

$$Z_m = a_{m1}x_1 + a_{m2}x_2 + \cdots + a_{mm}x_m$$

模型分析：通过数学降维的方式，提取出代表原有变量信息的主成分。根据公因子数的累计贡献大小来确定提取的代表性变量。

主成分分析有以下几个重要变量指标：

特征方程根：表达出原始变量的总方差在各个成分上的占比，特征值的和等其方差之和。

$$S_i = \frac{\sum_{i=1}^{n}(Z_i - \overline{Z}_i)^2}{n-1} = \lambda_i, \sum_{i=1}^{n}\lambda_i = m$$

成分贡献率：各个子成分的信息占总信息的比重。

$$\lambda_i / \sum_{i=1}^{n} = \lambda_i / m$$

积累贡献率：前 n 个成分的贡献率之和。

$$\sum_{i=1}^{n}(\lambda_i / \sum_{i=1}^{n}\lambda_i)$$

特征向量值：各个成分中原始变量的系数向量值，它是在进行主成分分析时，最终填写成分公式时的参考标准。

主成分分值：根据主成分公式模型和众多的观测指标计算出来的成分值。

4.3.1.2 老年人口健康资源指标体系的定量分析

老年人口健康资源因子对老年人口健康具有重大影响。老年人口健康资源因子情况都对整体老年人口健康产生影响，且影响程度存在较大差异。所以首先需要对老年人口健康资源指标因子进行分析，从而提高老年人口健康资源的利用效率。

在选取老年人口健康资源指标时，考虑指标数据能够有比较容易的可获得性和可比较性，本书选取了包括城市绿地面积、公园数、绿地面积、医疗机构数、床位数、医疗卫生人数、老年大学数、老年体育设施、养老机构等 11 个指标，令选取的指标变量为X_i，具体表现如下：

X_1—城市绿地面积；X_2—公园数；X_3—绿地面积；X_4—医疗机构数；X_5—床位数；X_6—医疗卫生人数；X_7—养老机构；X_8—老年大学；X_9—体育设施；X_{10}—GDP；X_{11}—人均GDP。

表 4－14　老年人口健康资源因子分析的 KMO 和 Bartlett 的检验

	取样足够度的 Kaiser-Meyer-Olkin 度量	0.872
Bartlett 的球形度检验	近似卡方	250.194
	df	55
	Sig.	0.000

数据来源：基于 2012 到 2016 年《上海统计年鉴》数据因子分析计算所得。

根据因子分析的基本原理，表 4－14 所示结果，显示原始数据变量存在相关性，可以进行因子分析。其中 KMO 的值大于 0.7 的标准值为 0.872，可以通过适合度数据检验，Barlett 球形度检验 X^2 的值为 250.194，$Sig=0.000<0.05$，呈显著状态，结果说明该种分析方法有效。

根据主成分分析原理，提取的公因子方差差异越大，相关性越强。根据表 4－15显示，提取的因子存在较大差异，可以解释大部分主成分信息。

表 4－15　老年人口健康资源公因子方差表

	初始	提取
城市绿地面积	1.000	0.965
公园数	1.000	0.787
绿地面积	1.000	0.794
医疗机构数	1.000	0.941
床位数	1.000	0.896

（续表）

	初始	提取
医疗卫生人员数	1.000	0.930
养老机构	1.000	0.825
老年大学数	1.000	0.880
体育设施数	1.000	0.895
GDP	1.000	0.929
人均 GDP	1.000	0.940

数据来源：基于 2012 到 2016 年《上海统计年鉴》数据因子分析计算所得。

令 R 的 P 个非负特征值为 $\lambda_1 \geqslant \lambda_2 \geqslant \cdots \geqslant \lambda_p$，则 λ_i 的贡献率为 $\lambda_i / \sum_{i=1}^{p} \lambda_j$，前 m 个特征值的累计贡献率为 $\sum_{i=1}^{m} \lambda_j / \sum_{i=1}^{p} \lambda_j$。按特征根大于 1 的原则，选取前三个主成分，如表 4-16 所示。

表 4-16　老年人口健康资源解释的总方差分析

成分	初始特征值			提取平方和载入	
	合计	方差 %	累积 %	合计	方差 %
1	6.632	60.292	60.292	6.632	60.292
2	2.111	19.193	79.485	2.111	19.193
3	1.037	9.432	88.916	1.037	9.432
4	0.520	4.730	93.646		
5	0.367	3.338	96.984		
6	0.209	1.904	98.889		
7	0.046	0.423	99.311		
8	0.046	0.414	99.726		
9	0.016	0.145	99.871		
10	0.013	0.117	99.987		
11	0.001	0.013	100.000		

数据来源：基于 2012 到 2016 年上海统计年鉴数据因子分析计算所得。

老年人口健康资源解释总方差表显示，最大方差在第一主成分上有体现，达到 60.292%，对原有变量的解释力最强。前三个主成分的特征值超过了 1，累计方差达 88.916%。根据因子分析法的基本原理，公因子的数目要依据因子的方差大小、差异和累计比例来综合确定。

根据主成分分析基本原理，要基于方差、碎石图拐点（见图 4－20）等因素综合判断公因子数量。在上海老年人口健康资源主成分分析中，综合考察其特征值、方差和碎石图情况，前 3 个主成分综合特征值大于 1，累积方差达到 88.916%，所以提取前三个主成分作为公因子，他们能够解释变量数据中包含的 88.916%的数据信息。

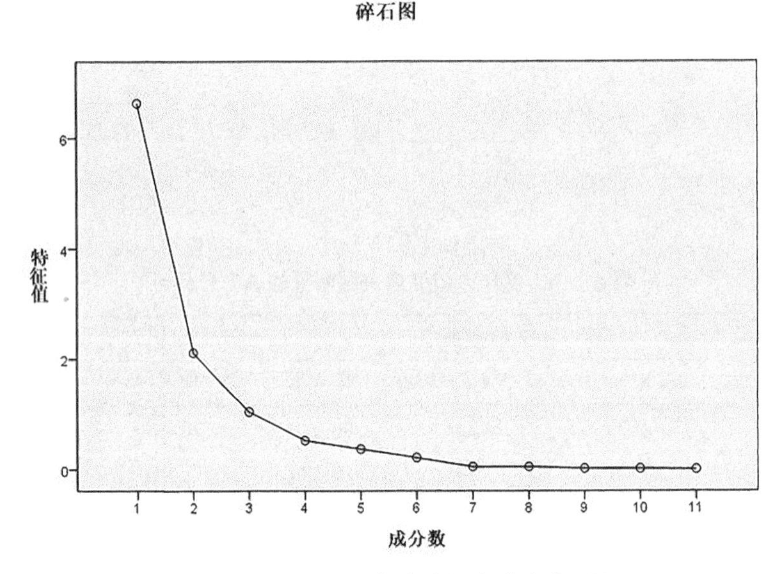

图 4－20　老年人口健康资源主成分碎石图

由老年人口健康资源变量成分矩阵表 4－17 可知，可以将城市绿地面积、公园数、绿地面积数归类为一类，体育设施数数据不明确，为了明确划分类别，将对因子进行旋转，旋转排序如下：

表 4－17　老年人口健康资源变量成分矩阵

	1	2	3
城市绿地面积	0.560	0.254	－0.766

（续表）

	1	2	3
公园数	0.326	−0.290	0.772
绿地面积	−0.037	−0.329	0.827
医疗机构数	0.931	−0.266	0.059
床位数	0.777	0.541	0.015
医疗卫生人员数	0.772	0.570	0.096
养老机构	0.552	0.566	−0.447
老年大学数	−0.130	0.901	−0.227
体育设施数	0.021	0.687	0.650
GDP	0.065	0.959	0.071
人均 GDP	−0.061	0.967	−0.036

数据来源：基于 2012 到 2016 年《上海统计年鉴》数据因子分析计算所得。

根据老年人口健康资源旋转之后的矩阵表 4－18 所示，原始 11 个因子归为三类主成分：

表 4－18　老年人口健康资源变量转轴后的成分矩阵

	1	2	3
城市绿地面积	0.125	−0.292	0.929
公园数	0.004	0.016	0.887
绿地面积	0.251	−0.249	0.818
医疗机构数	0.693	0.672	−0.102
床位数	0.863	0.032	0.388
医疗卫生人员数	0.841	0.056	0.468
养老机构	0.125	0.887	0.152
老年大学数	−0.220	0.745	0.525
体育设施数	0.041	0.941	−0.085
GDP	0.124	0.835	0.464
人均 GDP	−0.041	0.847	0.469

数据来源：基于 2012 到 2016 年《上海统计年鉴》数据因子分析计算所得。

其中第一主成分对医疗机构、医疗卫生人员、床位数、存在最大的载荷解释能力。这一成分共同反映了老年人健康服务资源中医疗卫生资源及老年人口数对健康资源的反映情况，可以界定为老年人口健康服务因子。60.292%的方差，显示这一因子的贡献率最大，医疗卫生状况在老年人健康资源中处于至关重要的地位。

第二主成分对养老机构、老年大学数、体育设施数等，有比较大的载荷和解释能力。这一主成分指标显示了老年人受教育情况和体育锻炼状况、养老院情况等，因此将其命名为老年人口健康社会因子。该主因子的方差贡献率也达到19.193%，因此健康社会因子是影响健康资源中不容小觑的一部分。

第三主成分对城市绿地面积、公园数、绿地面积数有相对较大的载荷和解释能力。原始指标体现了老年人健康的环境资源的重要性，所以命名为老年人健康环境因子。该主因子的方差贡献率达到 9.432%，因此要对影响老年人健康的环境因子需求予以重视。

表 4－19 为老年人口健康资源因子得分系数矩阵，指标的分数高低与主成分之间的相关性成正比，为主成分测算提供依据。

表 4－19　老年人口健康资源因子得分系数矩阵

	1	2	3
城市绿地面积	−0.141	−0.050	0.420
公园数	−0.107	−0.201	0.252
绿地面积	0.211	−0.103	−0.248
医疗机构数	0.185	0.057	−0.035
床位数	0.189	−0.105	0.182
医疗卫生人员数	0.250	−0.071	0.166
养老机构	−0.191	0.486	0.277
老年大学数	0.122	−0.161	0.069
体育设施数	−0.096	0.686	0.134
GDP	0.084	0.116	0.074
人均 GDP	0.051	0.141	−0.051

数据来源：基于 2012 到 2016 年《上海统计年鉴》数据因子分析计算所得。

主因子 F_1、F_2、F_3 分别是老年人口健康服务因子、老年人口健康社会因子、老年人口健康环境因子影响总健康资源的状况。根据上表，写出计算模型公式，计算各个主成分因子的得分，如下：

$F_1=-0.141X_1-0.107X_2+0.211X_3+0.185X_4+0.189X_5+0.250X_6-0.191X_7+0.122X_8-0.096X_9+0.084X_{10}+0.051X_{11}$

$F_2=-0.050X_1-0.201X_2-0.103X_3+0.057X_4-0.105X_5-0.071X_6+0.486X_7-0.161X_8+0.686X_9+0.116X_{10}+0.141X_{11}$

$F_3=0.420X_1+0.252X_2-0.248X_3-0.035X_4+0.182X_5+0.166X_6+0.277X_7+0.069X_8+0.134X_9+0.074X_{10}-0.051X_{11}$

根据表 4－18 得出综合评价函数模型：

$F=(60.292F_1+19.193F_2+9.432F_3)/88.916$

综合得到各区排名，如图 4－21 所示。

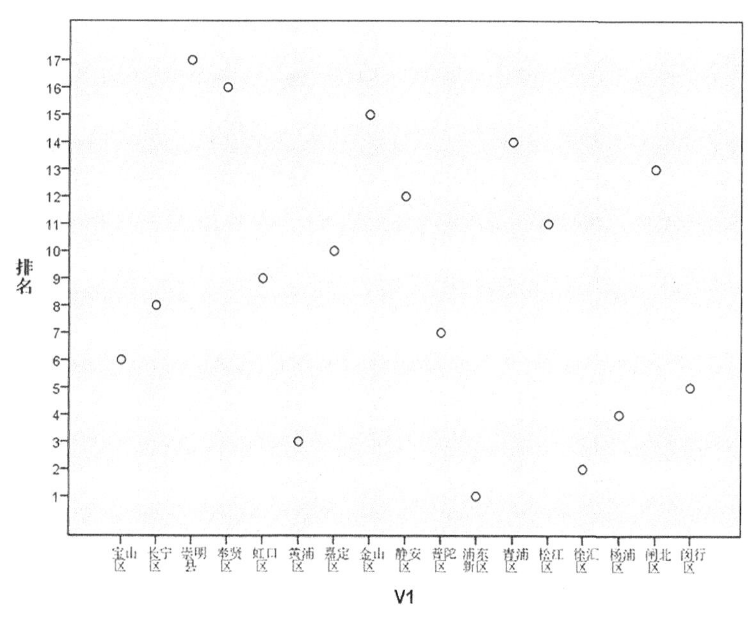

图 4－21　上海老年人口健康资源主成分综合排名地区图

根据图 4－21 所示，浦东新区、黄浦区和徐汇区得分排名前三，说明这三个区这些老年人健康资源综合配置得分较高，较为合理。金山区、奉贤区和崇明则排名最后，由于各种政策和体制的原因，这三个区的老年人健康资源布局较为不合理。在健康资源布局时，应着重考虑这些分布不合理的区域。

基于主成分分析降维方法，将各数据代入，可知各个主体在总的健康资源中占有的比重，并得出以下结论。

首先，在调查所涉及的众多老年人口健康资源因子中，通过主成分降维的方法，可以提取三大主成分，概括归纳为老年人口健康环境、服务、社会资源三大类，这也吻合了老年人健康资源的学理界定。

其次，在三大主成分所涉及的老年人口健康资源中，医疗机构、医疗卫生人员、床位数等因素组成的老年人口健康服务因子相关程度较高，解释能力较强，所占比重较大，在健康资源整体中起到至关重要的作用。

最后，老年人口健康资源中老年健康社会因子、老年健康环境因子，随着老年人口对老年健康需求的不断提高，对养老机构、老年教育、老年体育、健康环境等需求不断增加，这类因子在老年人口健康中发挥的作用将不断增强，有利于老年人口身心健康水平的不断提升。

4.3.2 老年人口健康环境资源空间分布

长期以来自然环境因素是不被纳入健康考虑的，随着经济社会的发展，人们收入水平不断提高，由空气、土壤、绿地等组成的自然环境成为人们越来越关注的健康因素。老年人越来越追求干净的空气、良好的水源、良好的绿地资源。

优质的环境则有助于人的身心健康，进而提高整体健康水平。本书选取对老年人口健康影响较大的公园和绿地面积作为重要的衡量指标，来研究其空间分布情况。

对 2015 年上海各区县的各种绿地资源和公园资源进行了空间差异分析，如图 4 - 22。较大的绿地面积，对净化空气质量，减少空气污染，进而对老年人的健康产生积极影响。经过研究发现：城市核心区由于客观原因，绿地面积受到空间限制，仅为 791.81 公顷，占比 0.62%；边缘区为 4 397.92 公顷，占比3.45%；近郊区为 50 920.72 公顷，占比接近 40%；远郊区为 69 936.41 公顷，占比超过 50%，达到 54.92%。绿地面积的空间分布与上海老年人口的空间分布，存在较大的不匹配，其中核心区仅为 0.62%，边缘区仅为 3.45%。与老年人口从东北到西南呈现“坡度”趋势，上海绿地资源呈现出不一样的分布特征，呈现东北和西南都高、中间低的态势。

研究发现，上海共有各类公园 165 个，其中城市核心区 24 个，占 14.5%；边缘区 64 个，占 38.8%；近郊区 57 个，占 34.5%；远郊区 20 个，占 12.1%。其中浦东新区共有各类公园 26 个，占比为 15.8%，为上海公园数量最多的地区。然而，虽然数量最多，但与浦东老年人口占上海老年人口比重 20%相比，仍难以满足老年人口对公园、绿地等绿色环境的需求。

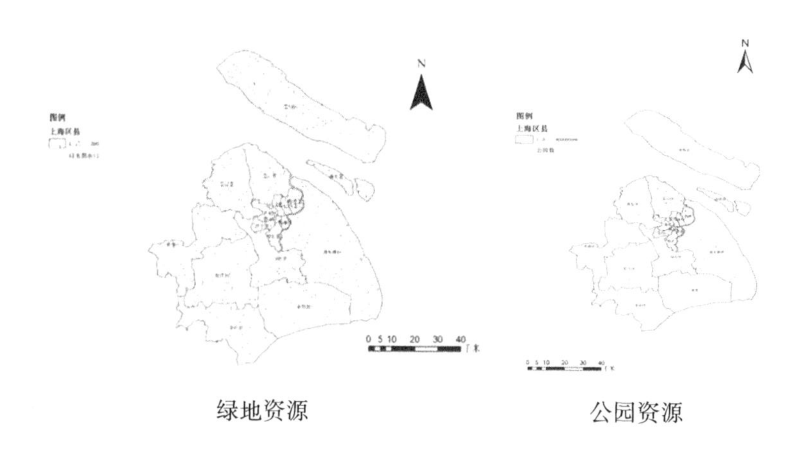

图 4－22　2015 年上海绿地资源、公园资源空间分布点值图

4.3.3　老年人口健康服务资源空间分布

随着人口老龄化的速度加快和人口高龄化趋势逐步加深，人类疾病谱和死因谱已经发生了极大变化，医疗卫生成为人们最依赖的干预健康的方式。老年人口更是如此，其在老年人健康资源指标中占据最重要的地位。老年人口成为当前社会医疗资源使用的最主要群体之一，已经成为当前学术界和政府的共识。另外考虑到综合数据的获得和可比较性，本书选取医疗机构数、专业技术人员数、床位数三个二级指标来综合考察老年人健康服务资源。

4.3.3.1　医疗卫生机构分布

通过查阅 2016 年上海统计年鉴，我们对 2015 年上海医疗服务机构数、床位数和卫生技术人员数的空间分布情况进行了研究。

首先对上海医疗机构空间分布情况进行分析，研究发现，上海医疗机构数最多的是近郊区为 1 937 家，占比 38.6%；远郊区为第二多的区域，总数为 1 498 家，占比为 29.9%；边缘区和近郊区为 1 071 家和 510 家，占比为 21.4%和 10.2%。总体医疗机构资源分布呈现郊区集聚的特征，如图 4－23 所示，近郊区和远郊区所占的比重远远超过核心区。

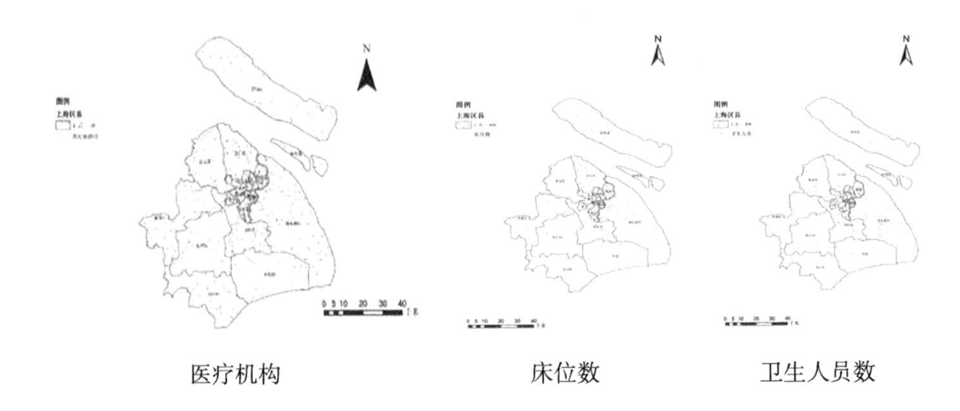

图 4－23　2015 年上海医疗机构、床位数、卫生人员资源空间分布点值图

床位数是老年资源的重要组成部分，对老年治疗、老年护理等有重要的影响。而各类医疗卫生技术人员，则是实现老有所医的重要人力资源。对 2015 年上海各区县的床位数和专业技术人员数进行分析，如图 4－23 所示。

研究发现，由核心区和边缘区组成的中心城区的床位数和专业技术人员数分别为 55 040 张、93 498 人，占比分别为 49.3%和 55%，充分说明了医疗资源仍然积聚于市中心区域，虽然人口老龄化已经出现郊区化，但医疗资源的供给仍然以市区为主，健康服务资源的供给呈现空间的不平衡现象。

4.3.4　老年人口健康社会资源空间分布

除去自然环境、医疗卫生等因素外，社会生活中与健康有关的各种政策、制度、教育、体育等都会对人类健康有重大影响，老年人健康社会资源的完善与否，反映了整个社会是否做好了应对人口老龄化的准备。

在国务院“十三五”国家老龄事业发展和养老体系建设规划中，明确将养老服务、健康支持、精神文化生活、社会参与等指标作为未来五年老龄事业建设的主要指标。不断完善养老机构、老龄教育、老年体育等各种社会资源，是应对人口老龄化挑战的重要举措。

4.3.4.1　硬件资源分布状况

养老机构是老年健康社会资源中最重要的资源之一。我们根据上海民政局 2015 年上海养老机构统计，目前上海共有各类养老机构 618 家。对上海各区县的养老机构资源空间分布情况进行分析，如图 4－24 所示，研究发现，数量最多的是浦东新区，为 117 家，占比超过 18.9%。其次为杨浦区，为 50 家。总体呈现出中心城区和远郊区都少、近郊区多的环形分布特征。这里有历史的自然原因，中心城区由于土地资源的限制，更多的发展各种嵌入式养老资源，而近郊区和远郊区则更多建设具有多个床位的养老院资源。

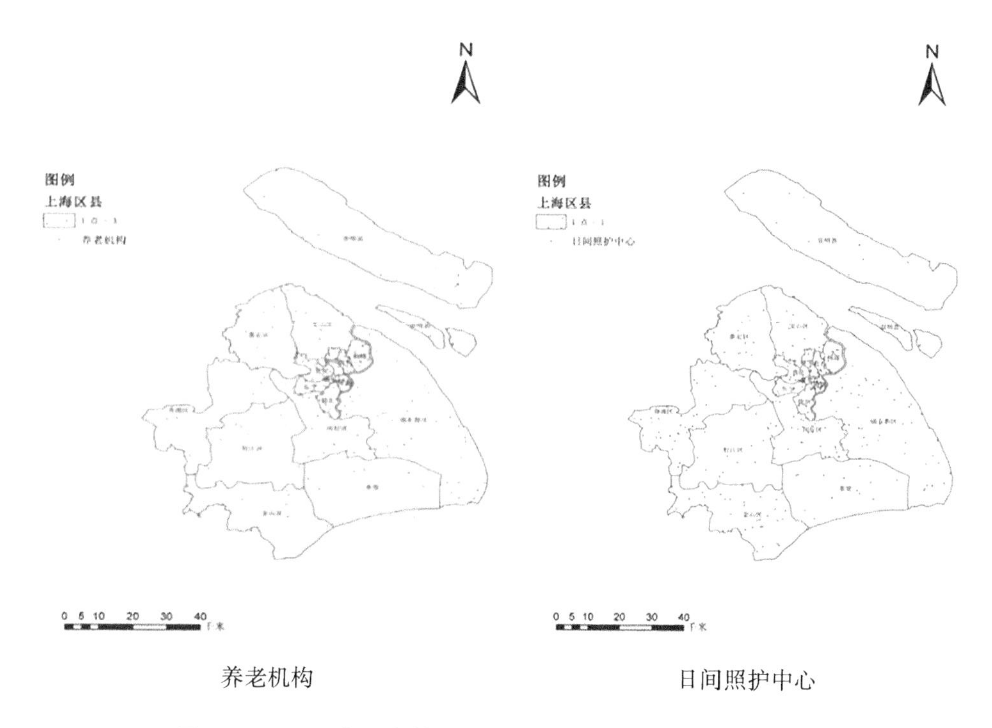

养老机构　　　　日间照护中心

图4-24　2015年上海养老机构、日间照护中心空间分布点值图

上海设立日间照护中心，主要是为失能失智的社区老年人、生活难以自理的残疾、独居等老年人，提供包括日常生活照料、精神慰藉、基本医疗护理等日间托养服务的老年服务机构。日间照护中心已经成为老年健康资源的重要组成部分，其空间分布情况，对提高老年人口健康水平有重要影响。

根据上海市民政局上海综合为老服务平台统计数据显示，上海目前共有各类日间照护中心近400家，经过GIS地图分析，如图4-24，发现其中浦东新区为54家，排名第一；其次为青浦区为42家，第三为闵行区为36家。整体呈现近郊区多，远郊区和中心城区相对较少的分布格局，其中崇明为10家。

长者照护之家是上海市推出的一种新型的养老服务设施，从2014年开始推行。这是一种区别日间照护中心等短期照顾服务的养老设施，既可以满足日间照料服务，又可以提供短期住养服务，使得老人在不离开熟悉的社区环境下，享受专业化的养老服务。规模一般在 40～49 张床位，成为老年人健康服务的重要组成部分。根据上海市民政局上海综合为老服务平台统计数据显示，上海共有各类长者照护之家 30 余家，其中闵行区、浦东新区、黄浦区、长宁区排名前列，呈现明显的近郊区集聚的特征，如图 4－25 所示。

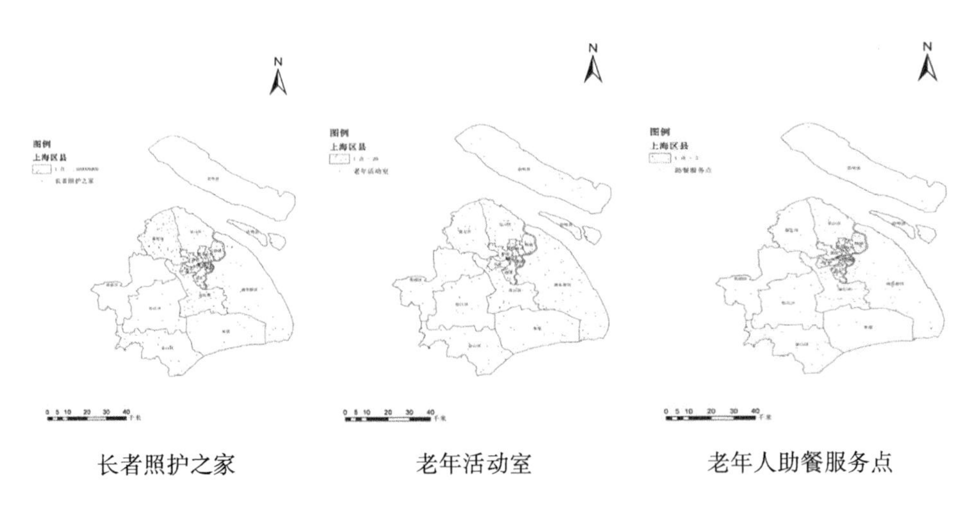

图 4－25　2015 年上海长者照护之家、老年活动室、助餐点空间分布点值图

老年活动室的内部功能主要是以老年人的文娱和休闲两部分为核心，并以学习、餐饮、医护、管理等功能模块为辅，老年人可以根据其爱好选择适合自己的活动场所，既可以锻炼身体，又可以学习交流，对老年人的晚年精神生活具有重要影响。老年人既可以体育锻炼、文化娱乐、手工制作，又可以满足老年人社会参与和交往的需求，已经成为促进老年人健康生活的重要载体。根据上海市民政局上海综合为老服务平台 2015 年统计数据显示，上海共有各类老年活动室近 6 000 家，其中浦东新区有 1 177 家，占比超过 1/6，其次为闵行区 550 余家，宝山区为 506 家排序第三，呈现明显的近郊区集聚的特征，如图 4－25 所示。

解决老年人特别是行动不便的老年人的就餐问题，是最重要的民生工程之一，已经成为影响老年人健康的重要因素。富有营养的一日三餐对提高老年人的健康具有重大意义。根据上海市民政局上海综合为老服务平台 2015 统计数据显示，上海共有各类老年助餐点 500 余家，浦东以 75 家排名第一，徐汇区以 73 家排名第二。与其他硬件养老资源分布存在差异，呈现中心城区集聚的特征。

4.3.4.2　软件资源分布状况

老年人口健康社会资源除各种硬件设施之外，还包含老年教育、为老服务社会组织、老年体育等各种有利于老年人口心理健康和社会参与的健康资源如图 4－26 所示。

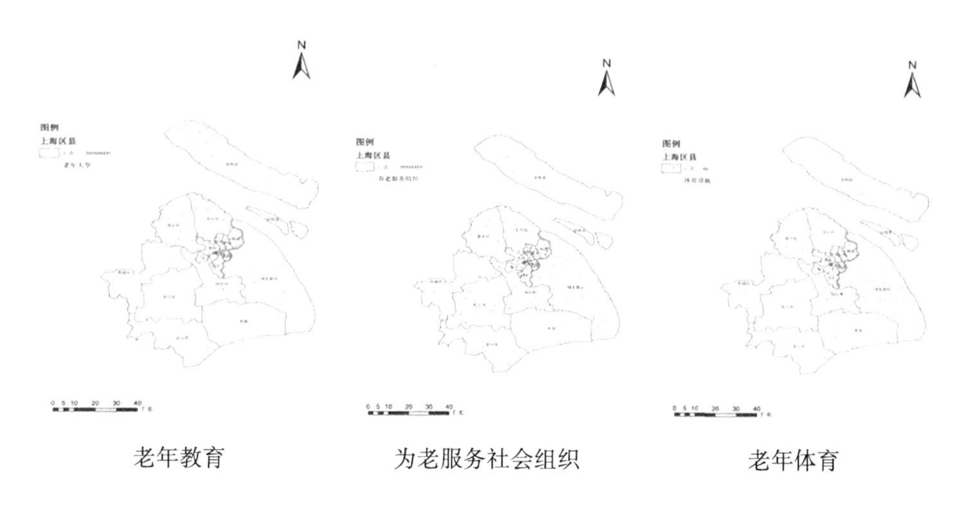

图 4－26　2015 年上海老年教育、为老服务社会组织、老年体育资源空间分布点值图

老有所学是国家积极应对人口老龄化政策中不可或缺的重要一环。老有所学是老年人积累社会参与资本，积极参与社会的重要组成部分，有利于老年人口健康知识、健康素养等良好健康行为的养成，属于积极老龄化的重要范畴。由各类老年学校、老年大学、老年培训机构组成的教育资源是实现“老有所学”目标的重要载体。老年人口教育文化水平的提高，是积极应对人口老龄化的重要举措。而“老有所学”资源的配置首先要考虑老年人口的空间分布，实现老年教育资源与老年人口空间分布的匹配。根据上海市民政局和上海老龄网老年学校 2015 年统计数据，对上海各区县的老年资源进行空间分析，研究发现，上海老年资源的配置与上海老年人口的“东北高西南低”的空间积聚特征有较大差异，呈现“中心少、郊区多”的分布特征。近郊区和远郊区占比超过 54%，这为人口老龄化的郊区化发展提供了良好的基础。

当前针对我国家庭功能弱化、高龄老人和空巢老人增多的现状，越来越提倡社会化养老。其中为老社会组织实现这一目标的重要载体，包含志愿者组织、企业组织等各种社会组织，承担着老年人家政服务、权益维护、精神慰藉等各种为老服务职责，已经成为应对人口老龄化的适合中国国情和特色的中国方案。根据上海市民政局上海综合为老服务平台2015年统计数据显示，上海共有各类为老服务社会组织近300家，其中浦东新区为42家，闸北、徐汇排列二三位，呈现中心城区集聚的典型特征。

当前越来越多的人重视运动健身，通过体育活动增强身体素质。城市退休老年人群由于时间充裕，加上经济基础较好，已经成为整个社会体育锻炼的重要组成部分。无论是广场舞大妈还是活跃在小区体育设施场地中的各类老年人，都已经成为大众体育的重要组成部分，他们已经成为各类体育设施资源和服务的主要利用者。这对增强老年人体质，提高老年人抵抗疾病风险能力，具有重要的价值和意义。通过查阅2015年上海体育统计年鉴，发现上海各类体育设施共有12 000余个，其中浦东以2 758个排名第一，闵行区以1 537个排名第二，总体呈现郊区集聚的趋势，中心城区体育设施数量较少，郊区体育设施和服务资源丰富。

4.3.5 老年人口健康资源分布总结

通过对包括老年环境资源、老年医疗服务资源、老年社会资源在内的老年健康资源的空间分布情况的分析，总体呈现郊区集聚的特征。如由绿地面积和公园数作为衡量指标的老年环境资源，更多的分布在郊区；由医疗卫生机构数、卫生人员数和床位数组成的老年服务资源更多的聚集在近郊区，但其中优质医疗服务资源如三甲医院资源更多集聚在市区；而由养老机构、长者照护之家、日间照料中心、助餐服务点、老年活动室等组成的老年人口健康硬件资源总体积聚于郊区，特别是近郊区尤为突出。而由老年教育资源、为老服务社团、老年体育资源等组成的软件资源存在差异，呈现中心城区多于郊区的态势。

这种健康资源的总体分布态势与上海老年人口的中心集聚的分布特征，呈现匹配不平衡的特征。老年人口健康资源在规划配置时，既要充分考虑当前老年人口的分布情况，又要对未来老年人口的空间分布进行预测，动态配置老年健康资源。在配置老年人口健康资源时，既要满足老年人口最紧急的健康服务资源需求，更要基于健康的视角，配置包括环境、体育、教育等健康预防、健康干预类的资源，让老年人生活得更有尊严。

4.4　上海老年人口与健康资源空间匹配的测度

4.4.1　空间可达性评价方法

从空间的视角来看，城市不是封闭的，对于城市中的任意健康资源来说，其价值的评价，不仅仅在于其覆盖面，还取决于获得这一健康资源的便捷程度，而这种评价可以用可达性来测量。

可达性人口地理学中最为常见的研究方法之一，也叫可达性或易达性。Hansen(1959)认为可达性与交通网络中不同节点的机会密切相关，他是比较早的界定可达性的学者之一。包含交通便利程度和机会的难易程度多层含义，可达性是区域经济产生空间差异的原因之一。空间可达性分析当前被广泛应用于人口学研究、城市社会规划、区域经济研究等众多研究领域。可达性受交通成本、土地使用属性、时间因素和个人因素等条件影响，可达性既是空间概念，也具有时间意义，具有社会经济价值。

当前空间可达性的评价方法还没有统一的标准，不同的学者有不同的思考和理解。综合学术界研究成果，主要分为以下几类：

1)距离测量法

距离测量法是所有空间可达性方法中最为基本的一种，它主要利用空间距离、时间距离等距离因素来测量可达性。主要用来测量相对可达性，也就是两个地点之间的自然距离测量来表达他们之间的可达性。其优点在于操作简单方便，考虑了地理位置和交通等因素，其缺点在于忽略了时间、个人等因素。

2)机会累积法

这种方法也被称为等时线法、邻近距离法等。主要是考虑一定时间内，能到达目的地数量的多少，这个量越大，代表可达性越高。这种方法考虑到了时间机会因素，但其没有考虑距离的衰减效应，也有其弊端。

3)重力测度法

也成为潜能模型法，Hansen(1959)第一次将该方法用于空间可达性测算方法中。该法来源于牛顿的万有引力定律。

$$A_i = \sum_j D_j F(d_{ij})$$

其中，A_i表示i到所有目标点($1,2,3,4\cdots j$)的空间可达性。D_j代表j点潜能的大小，i、j 两位置之间距离用d_{ij}表示，$F(d_{ij})$代表随着距离的增加，其关系逐渐减弱的特征指标。

重力测算法优点在于考虑了引力因子和距离衰减效应，目前应用相对较广，但也有一些缺陷和不足，如距离函数的检验不足，区域可达性计算数值不确定等。有学者对重力测度法进行了改进，加入了人口规模因子和有效服务半径等指标。

改进后的重力模型的可达性A_i^G为：

$$A_i^G = \sum_{j=1}^{n} \frac{d_{ij}^{-\beta} S_j}{V_j} \text{ 其中} V_j = \sum_{i=1}^{m} D_k d_{ij}^{-\beta}$$

i 点的可达性系数用指标A_i^G 综合反映；j 点的供给数量用S_j表示；i 与 j 两位置之间距离用d_{ij}表示；摩擦系数 β，v_j 为总权重；D_k 为需求规模；m、n 为需求和供给数量。

4)两步移动搜索法

该方法被广泛应用于公共资源和服务研究中，其基本原理是对供给点和需求点进行搜索两次。主要表现为，第一步为在一定的距离阈值d_0范围内，搜索所有距离供给点 j 的需求点，计算供需比R_j；第二步为在距离阈值(d_0)范围内，所有距离需求点 i 的供给点，计算供需比R_j，然后进行加总：

$$A_i^F = \sum_{j \in \{d_j \leqslant d_{ij}\}} R_j = \sum_{j \in \{d_j \leqslant d_0\}} \left\{ \frac{S_j}{\sum_{k \in \{d_{kj} \leqslant d_{ij}\}} D_k} \right\}$$

i 点的可达性系数用指标A_i^G综合反映；i 与 j 两位置之间距离用d_{ij}表示；S_j、D_k分别表示供给点和需求点的数量和规模。

4.4.2 老年人口健康资源可达性模型构建

学者们提出的距离测度法、机会累积法、重力测度法、两步移动搜索法都是从不同的角度对空间可达性的测算，都有其优点和不足，都是本书老年人健康资源可达性测度的基础。

两步移动搜索法作为学界相对成熟的可达性测量方法，得到了众多学者的认可，并且在这一基础上不断进行各种改进。机会累积法是应用于公共服务领域最为常见的研究方法之一，其主要包括移动搜索法、两步移动搜索法等。其基本思想是，假设一个出行的临界值(时间或者距离)，将在临界值范围内的居民可以达到的资源数量进行比较，而数量越多的，则得出来的数值越高，即空间可达性越好。在最初的人文地理等地理学领域应用的同时，逐渐扩展到交通规划，公共资源配置等研究领域，本书是在 Wang(2012)模型基础上的改进模型，如下：

$$A_i = \sum_{j=1}^{n} \frac{S_j f(d_{ij})}{\sum_{k=1}^{m} D_k f(d_{kj})}$$

$$f(d_{ij}) = \begin{cases} d_{ij}^{-\beta}, d_{ij} \leqslant d_0 \\ 0, d_{ij} > d_0 \end{cases}$$

其中：

A_i表示的是老年人口居住社区 i 达到各类老年人健康资源的空间可达性系数；

S_j表示的是各类老年人健康资源 j 的服务供给能力，如本书中提到的养老床位数、医院老年床位数、老年人绿地环境面积、老年大学招生数等来表示；

D_k表示的是老年人居住社区 k 的老年人口数量；

d_{ij}表示的是老年人居住社区 i 到各类老年人健康资源 j 之间的距离，同理，d_{kj}表示老年人居住社区 k 到老年人健康资源设施 j 之间的距离；

d_0表示的是老年人口居住社区 i 和各类老年人健康资源 j 之间的距离阈值，通常也被称为搜索半径；

β 表示的是老年人出行的摩擦系数；

n 和 m 分别表示各类老年人健康资源的数量和老年人口居住社区的数量。

4.4.3 老年人口健康资源可达性数据处理

4.4.3.1 地理数据的处理

本书采用第六次人口普查统计数据，参考上海市老年人口和老龄事业监测统计数据。书中的上海乡镇级行政区划图来自中科院资源环境科学数据中心。为方便研究，以 2011 年上海行政区划为准，到 2015 年上海行政区划没有发生变化，共计 17 个独立研究单元，具有较好的稳定性。另外，从上海市卫生与计划生育委员会、上海市绿化管理局、上海市民政局、上海市老龄委获取了上海市医疗机构地图、上海市公园地图、上海老年大学地图以及上海老年人口分布图。通过 ArcGIS 软件将地图和数据进行矢量化展示，建立基础数据库。

4.4.3.2 老年人口健康资源数据的处理

老年人口健康资源就是所有能促进老年人生理、心理和社会参与的各种因素的总和。根据学术界的前期研究，老年人口健康资源可以分为老年人健康环境资源、老年人健康服务资源和老年人健康社会资源三大类型。

老年人健康环境资源主要包括大气、土壤、水资源、绿地资源、公园等各种自然环境组成的老年人健康环境因素。根据数据的可获得性和可比较性，本书选取绿地公园作为健康环境资源的替代指标，数据获取主要来自上海市绿化管理局统计数据，对上海的 164 家公园数据进行了详细的采集和整理，公园面积作为健康环境资源供给能力的主要考核指标。

老年人健康服务资源主要包括与老年人健康密切相关的医疗卫生服务资源，本书以医疗机构数、床位数、卫生人员数作为主要指标。本书选取上海市医疗机构作为健康服务资源的替代指标，包括上海三级、二级及社区医院在内共计 438 家医疗机构，医院床位数作为其资源供给能力的指标。

老年人健康社会资源，则是指所有为老年人健康提供支持的各种社会政策、体育、文化、教育等各种环境因素，本书选取养老机构数、日间照料中心等硬件资源和教育资源、体育资源等软件资源为指标。其中上海各类养老机构 618 家，4 所市级大学和 140 所各级老年大学等，作为老年健康社会资源的考核指标。

搜索以上所有指标的经纬度坐标，将其导入 GIS 系统，进行距离计算。这三类指标与老年人健康密切相关，既有硬件资源，又有软件资源，相互配合，相互作用，缺一不可。

4.4.3.3 老年人口健康资源可达性“高”“中”“低”测度

为更好地测度上海老年人口健康资源的可达性，提高其判断水平，根据可达性测算原理，测算老年人口居住点和健康资源设施之间的距离阈值，计算可达性系数，系数越大，代表可达性高，老年人口健康资源的配置效果越好，设定为高方案；可达性系数越小，代表可达性低，老年人口健康资源的配置效果越差，设定为低方案；平均距离阈值，介于前两者之间，设定为中方案。具体规划方案如下：

1)低方案

在测算老年人口居住点和健康资源设施之间的距离阈值，也称为搜索半径时，取各街道(乡镇)老年人口居住点到最近的健康资源设施之间的距离的最小值的平均值，也称之为平均最近可达距离。

$$D_{\min}=\frac{\sum_{i=1}^{I}\min(D_{ij}\mid j\in J)}{I}$$

$D_{\min}$表示的是最近可达距离；d_{ij}表示的是街道 i 到养老院 j 的距离；i 代表街道，共 I 个；j 代表养老院，共 J 个；$D_{\min}$的计算方法为，首先计算每个街道到养老院的位置，然后根据养老院的位置筛选出最小值，最后，将所有距离加总后求均值。

2)中方案

在测算老年人口居住点和健康资源设施之间的距离阈值，也称为搜索半径时，取各街道(乡镇)老年人口居住点到最近的健康资源设施之间距离的平均值，也称之为平均可达距离。

$$D_{avg}=\frac{\sum_{i=1}^{I}\sum_{j=1}^{J}d_{ij}}{I*J}$$

D_{avg}表示上海市所有街道户籍老年人口到任意一家养老院的平均距离；i 代表街道，研究区域共有 I 个；j 代表养老院，研究区域共有 J 家；d_{ij} 表示街道 i 到养老院 j 的直线距离。

3)高方案

在测算老年人口居住点和健康资源设施之间的距离阈值，也称为搜索半径时，取各街道(乡镇)老年人口居住点到最近的健康资源设施的最大值的平均值，也称之为平均最远可达距离。

$$D_{max}=\frac{\sum_{i}^{I}\max(D_{ij}\mid j\in J)}{I}$$

D_{max}表示的是最远可达距离；d_{ij} 表示的是街道 i 到养老院 j 的距离；i 代表街道，共 I 个；j 代表养老院，共 J 个；D_{max}的计方法为，首先计算每个街道到养老院的位置，然后根据养老院的位置筛选出最大值，最后，将所有距离加总后求均值。

4.4.4 老年人口健康资源可达性测算

4.4.4.1 老年人口健康环境资源的可达性测算

根据上海市绿化管理局统计数据，上海共有各类公园164个，搜索摘录164家公园的经纬度坐标，利用ARCGIS软件计算上海各街道的几何质心坐标经纬度，利用公园经纬度和街道的经纬度，计算出所有可能性距离。最后根据各公园的总体面积和距离数据，运用可达性计算公式，计算出上海所有街道老年人口到上海所有公园的可达性系数。

1)低方案

在测算老年人口居住点和健康环境资源设施之间的距离阈值，也称为搜索半径时，取各街道(乡镇)老年人口居住点到最近的健康环境资源设施之间距离的最小值，也称之为平均最近可达距离。根据测算，最近可达距离的搜索半径为4.005公里，上海各乡镇老年人口的可达性系数如图4-27所示，可达性系数高的大多集聚在中心城区，郊区的可达性系数较低，说明郊区老年人口的健康环境资源获取并不多。

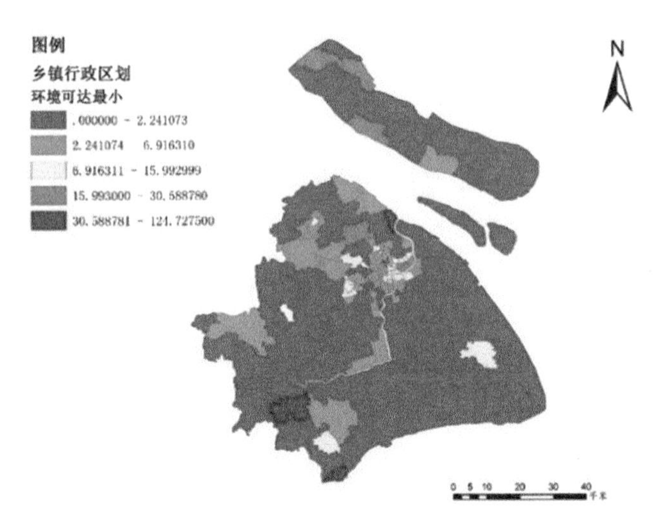

图 4-27　老年人口健康环境资源最近可达距离系数图

2)中方案

在测算老年人口居住点和健康环境资源设施之间的距离阈值,也称为搜索半径时,取各街道(乡镇)老年人口居住点到最近的健康环境资源设施之间距离的平均值,也称之为平均可达距离。根据测算,平均可达距离的搜索半径为 27.096 公里,上海各乡镇老年人口环境资源的可达性系数如图 4-28 所示,从西向东,呈现依次递减的态势。环境资源丰富的金山、松江、青浦、宝山等可达性系数较高,浦东新区、闵行区可达性系数较低。这与更多常住老年人口集聚在城郊结合区域的分布不相匹配。

3)高方案

在测算老年人口居住点和健康环境资源设施之间的距离阈值,也称为搜索半径时,取各街道(乡镇)老年人口居住点到最近的健康环境资源设施的最大值,也称之为平均最远可达距离。根据测算,最大可达距离的搜索半径为 79.71 公里,上海各乡镇老年人口的可达性系数如图 4-29 所示,可达性系数不平衡的情况稍微有所缓解,从中心区向郊区扩散,但与高度集聚的近郊区的老年人口如浦东新区相比,结构上仍然存在不相匹配情况。

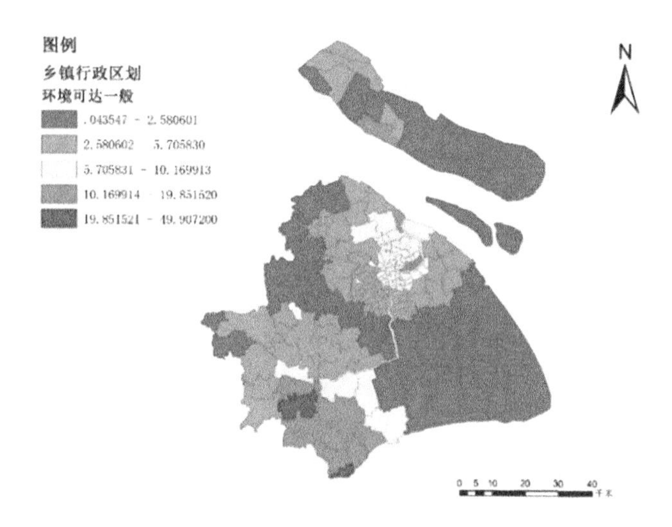

图 4－28　老年人口健康环境资源平均可达距离系数图

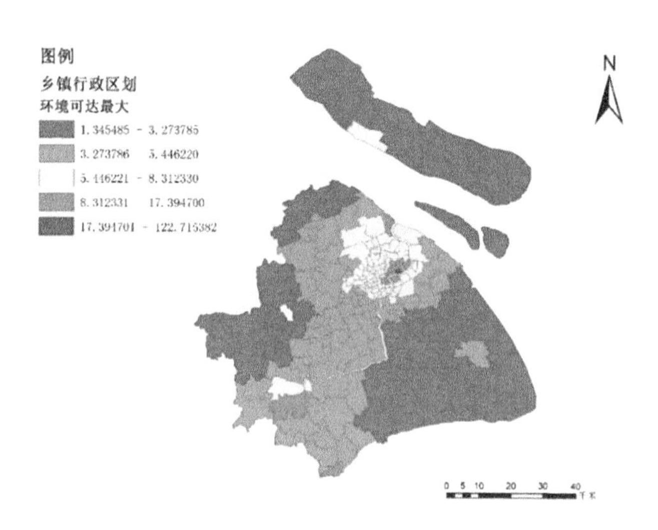

图 4－29　老年人口健康环境资源最远可达距离系数图

4.4.4.2　老年人口健康医疗资源的可达性测算

1)上海老年人口健康医疗资源可达性总测算

根据上海市卫生计生委统计数据，上海共有 45 所三甲医院、141 所二级医院、241 所社区基层医院，共计 438 个医疗服务机构。搜索摘录 438 家医疗单位的经纬度坐标，利用 ARCGIS 软件计算上海各街道的几何质心坐标经纬度，利用医疗服务机构经纬度和街道的经纬度，计算出所有可能性距离。最后根据各医疗机构的床位数和距离数据，运用可达性计算公式，计算出上海所有街道老年人口到上海所有医疗机构的可达性系数。

a. 低方案

在测算老年人口居住点和健康服务资源之间的距离阈值，也称为搜索半径时，取各街道（乡镇）老年人口居住点到最近的健康服务资源设施之间距离的平均值，也称之为最近可达距离。

根据测算，最近可达距离的搜索半径为 1.196 公里，上海各乡镇老年人口的可达性系数如图 4－30 所示，可达性系数高的大多集聚在中心城区，郊区的可达性系数总体较低，在松江、青浦、金山部分地区形成了可达性系数较高的点，但总体呈现可达性低的特征。

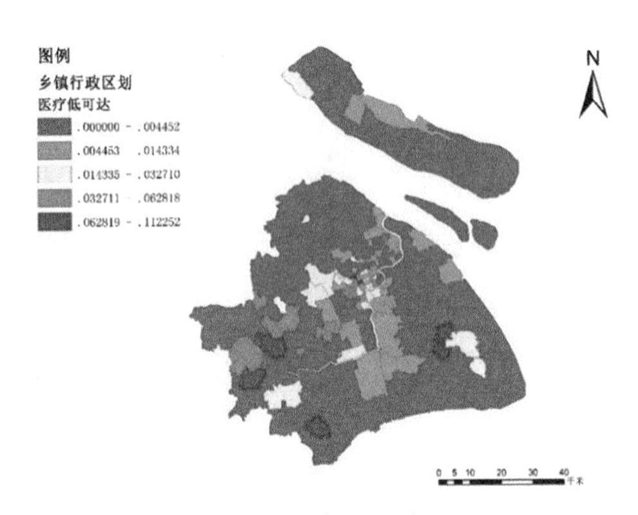

图 4－30　老年人口健康服务资源最近可达距离系数图

b. 中方案

在测算老年人口居住点和健康服务资源之间的距离阈值，也称为搜索半径时，取各街道（乡镇）老年人口居住点到最近的健康服务资源设施之间距离的平均值，也称之为平均可达距离。根据测算，平均可达距离的搜索半径为26.7955 公里，上海各乡镇老年人口的可达性系数如图 4－31 所示，总体呈现从北往南依次增加的态势，远郊区的金山、松江、奉贤等可达性系数较高。而上海常住老年人口集聚的浦东新区、闵行区、宝山区等可达性系数较低。

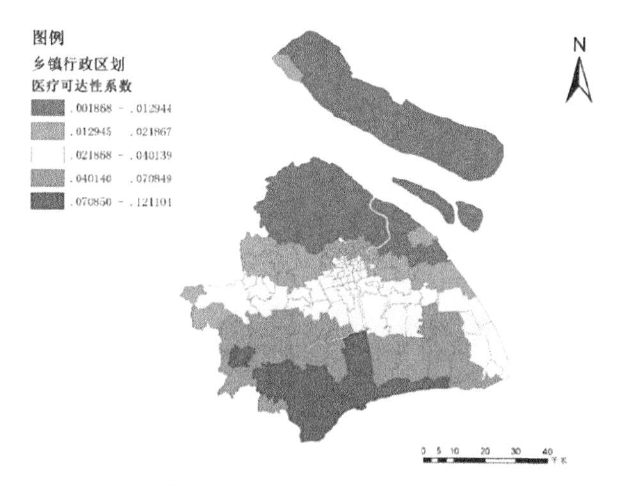

图4-31 老年人口健康服务资源平均可达距离系数图

c. 高方案

在测算老年人口居住点和健康服务资源之间的距离阈值,也称为搜索半径时,取各街道(乡镇)老年人口居住点到最近的健康服务资源设施之间距离的平均值,也称之为平均可达距离。根据测算,平均可达距离的搜索半径为70.667公里,上海各乡镇老年人口的可达性系数如图4-32所示,可达性系数分布较之前有较大改善,呈现中心集聚和郊区扩展的态势。在金山区、奉贤区、松江区等远郊,社区卫生服务中心、区域医疗中心建设较好,医疗资源可达性系数较高。常住老年人口分布集中的浦东、闵行等区域,可达性系数较低。

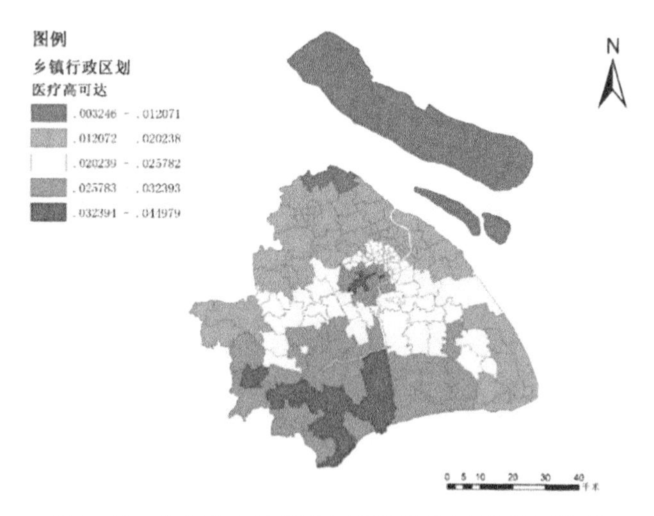

图4-32 老年人口健康服务资源最远可达距离系数图

2)上海三甲医院健康优质资源可达性测算

根据上海市卫生计生委统计数据,上海共有 45 所三甲医院。搜索摘录 45 家医疗单位的经纬度坐标,利用 ARCGIS 软件计算上海各街道的几何质心坐标经纬度,利用医疗服务机构经纬度和街道的经纬度,计算出所有可能性距离。最后根据各医疗机构的床位数和距离数据,运用可达性计算公式,计算出上海所有街道老年人口到上海所有医疗机构的可达性系数。

a. 低方案

在测算老年人口居住点和三甲医院优质健康服务资源之间的距离阈值,也称为搜索半径时,取各街道(乡镇)老年人口居住点到最近的三甲医院优质健康服务资源设施之间距离的最小值的平均值,也称之为最近可达距离。根据测算,最小可达距离的搜索半径为 6.4792 公里,上海各乡镇老年人口的三甲优质健康资源可达性系数如图 4-33 所示,可达性系数高的大多集聚在中心城区,郊区的可达性系数较低,在金山和奉贤的部分区域,受益于三甲医院资源的远郊布局战略,可达性略高,但总体上上海老年人口分布与三甲医院优质健康服务资源匹配不平衡。

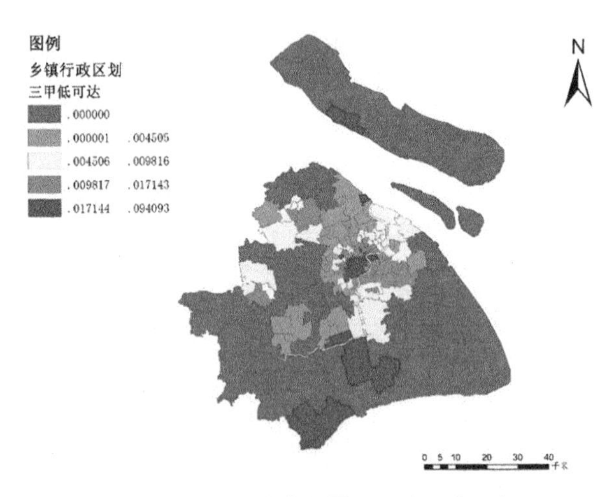

图 4-33 三甲医院资源最近可达距离系数图

b. 中方案

在测算老年人口居住点和三甲医院优质健康服务资源之间的距离阈值,也称为搜索半径时,取各街道(乡镇)老年人口居住点到最近的三甲医院优质健康服务资源设施之间距离的平均值,也称之为平均可达距离。根据测算,平均可达距离的搜索半径为 30.758 公里，上海各乡镇老年人口的可达性系数如图 4 - 34 所示，可达性系数高的大多集聚在中心城区，郊区的可达性系数较低。与低方案相比，郊区可达性系数虽有提高，但整体态势没有发生根本性变化。老年人口分布集中的闵行、浦东新区等地区三甲医院等优质健康资源欠缺，说明老年人口分布与健康服务资源匹配不平衡。

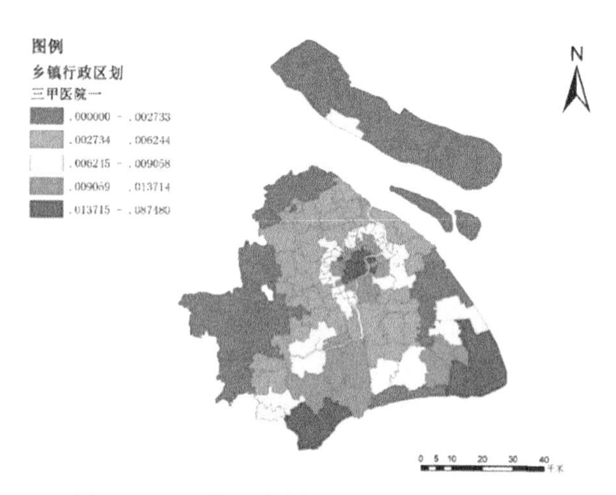

图 4 - 34　三甲医院资源平均可达距离系数图

c. 高方案

在测算老年人口居住点和三甲医院优质健康服务资源之间的距离阈值，也称为搜索半径时，取各街道(乡镇)老年人口居住点到最近的三甲医院优质健康服务资源设施之间距离的最大值的平均值，也称之为最远可达距离。根据测算，最远可达距离的搜索半径为 81.802 公里，上海各乡镇老年人口的可达性系数如图 4 - 35 所示，可达性系数呈现高度的核心城区集聚的态势，郊区的可达性系数较低，说明老年人口与健康资源空间匹配不平衡。

4.4.4.3　老年人口健康社会资源的可达性测算

1)上海养老机构可达性测算

根据上海市民政局统计数据，上海共有各类养老机构 618 家，搜索摘录 618 家养老机构的经纬度坐标，利用 ARCGIS 软件计算上海各街道的几何质心坐标经纬度，利用养老机构经纬度和街道的经纬度，计算出所有可能性距离。最后根据各养老机构的床位数和距离数据，运用可达性计算公式，计算出上海所有街道老年人口到上海所有养老机构的可达性系数。

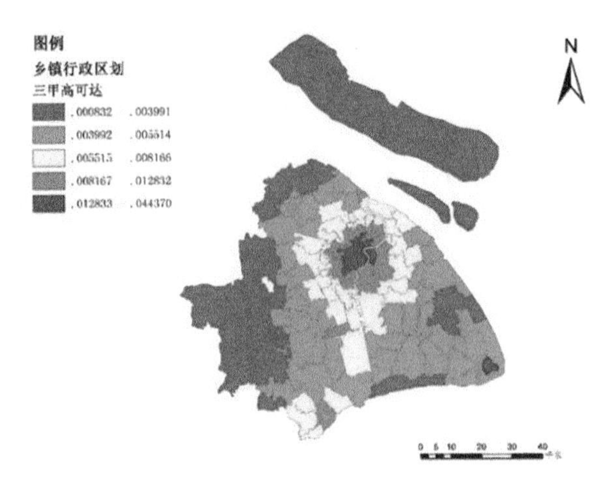

图 4 - 35　三甲医院资源最远可达距离系数图

a. 低方案

在测算老年人口居住点和养老机构之间的距离阈值，也称为搜索半径时，取各街道（乡镇）老年人口居住点到最近的养老机构之间距离的最小值，也称之为平均最近可达距离。根据测算，最近可达距离的搜索半径为 1.14 公里，上海各乡镇老年人口的可达性系数如图 4 - 36 所示，可达性系数高的大多集聚在中心城区，郊区的可达性系数较低。

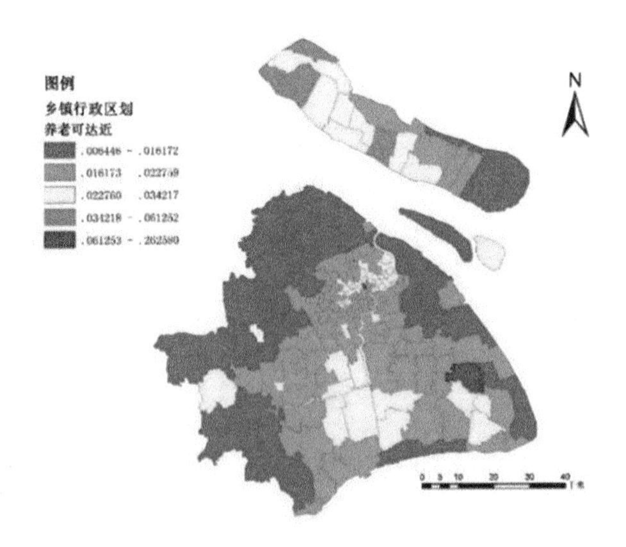

图 4 - 36　养老机构最近可达距离系数图

b. 中方案

在测算老年人口居住点和养老机构之间的距离阈值，也称为搜索半径时，取各街道(乡镇)老年人口居住点到最近的养老机构之间距离的平均值，也称之为平均可达距离。根据测算，平均可达距离的搜索半径为32.59公里，上海各乡镇老年人口的可达性系数如图4-37所示，可达性系数高的大多集聚在中心城区，郊区的可达性系数较低。与低方案相比，郊区可达性系数虽有提高，但整体态势没有发生根本性变化。

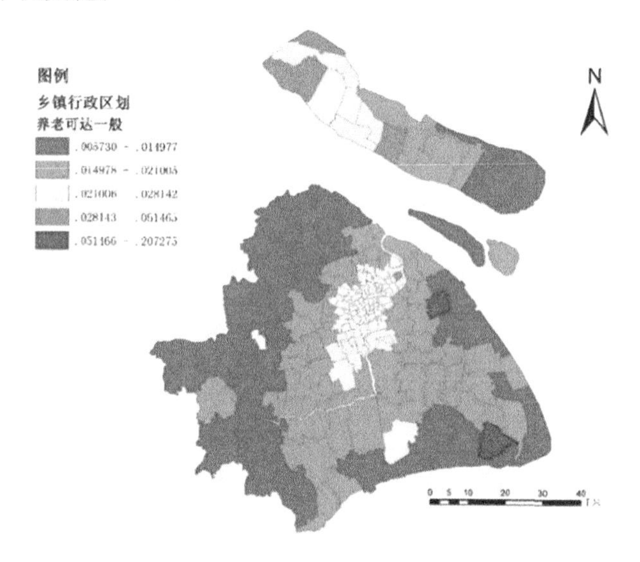

图4-37　养老机构平均可达距离系数图

c. 高方案

在测算老年人口居住点和养老机构之间的距离阈值，也称为搜索半径时，取各街道(乡镇)老年人口居住点到最近的养老机构之间距离的最大值的平均值，也称之为最远可达距离。根据测算，最远可达距离的搜索半径为68.22公里，上海各乡镇老年人口的可达性系数如图4-38所示，可达性系数呈现高度的核心城区集聚的态势，郊区的可达性系数较低。

2)上海老年教育资源可达性测算

根据上海市老龄委和上海老年教育统计数据，对4所市级大学和140所各级老年大学的招生数进行梳理，搜索摘录经纬度坐标，利用ARCGIS软件计算上海各街道的几何质心坐标经纬度，利用老年大学经纬度和街道的经纬度，计算出所有可能性距离。最后根据老年大学的招生数和距离数据，运用可达性计算

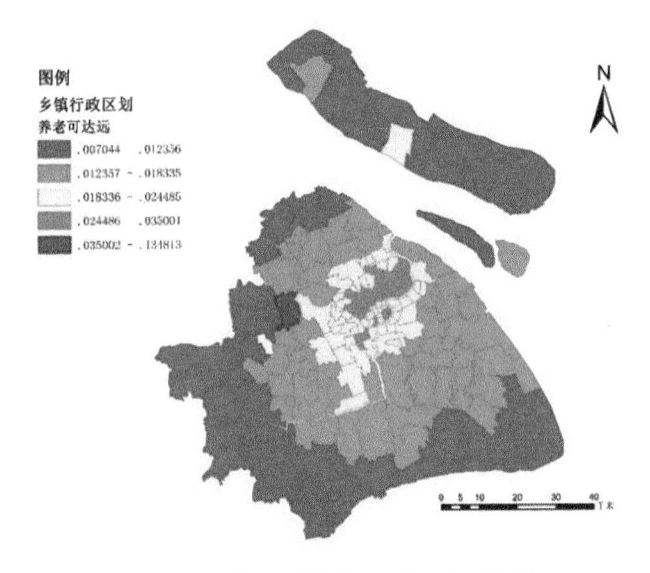

图 4-38 养老机构最远可达距离系数图

公式,计算出上海所有街道老年人口到上海所有老年大学的可达性系数。

a. 低方案

在测算老年人口居住点和健康社会资源之间的距离阈值,也称为搜索半径时,取各街道(乡镇)老年人口居住点到最近的老年大学之间距离的最小值的平均值,也称之为最近可达距离。根据测算,最小可达距离的搜索半径为 4.66 公里,上海各乡镇老年人口的老年大学资源可达性系数如图 4-39 所示,可达性系数高的大多集聚在中心城区,郊区的可达性系数较低,在奉贤、宝山、浦东的部分区域,可达性略高,但总体上上海老年人口分布与老年教育为代表的健康社会资源匹配不平衡。

b. 中方案

在测算老年人口居住点和老年大学为代表的健康社会资源之间的距离阈值,也称为搜索半径时,取各街道(乡镇)老年人口居住点到最近的老年大学之间距离的平均值,也称之为平均可达距离。

根据测算,平均可达距离的搜索半径为 28.54 公里,上海各乡镇老年人口的健康社会资源可达性系数如图 4-40 所示,可达性系数呈现普遍不高的总体态势。老年人口分布集中闵行、浦东新区等地区老年大学资源欠缺,说明老年人口分布与健康社会资源匹配不平衡。

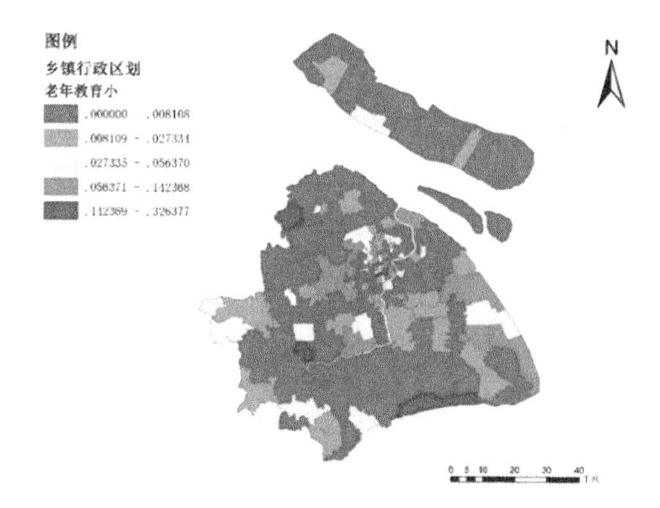

图 4-39　老年教育最近可达距离系数图

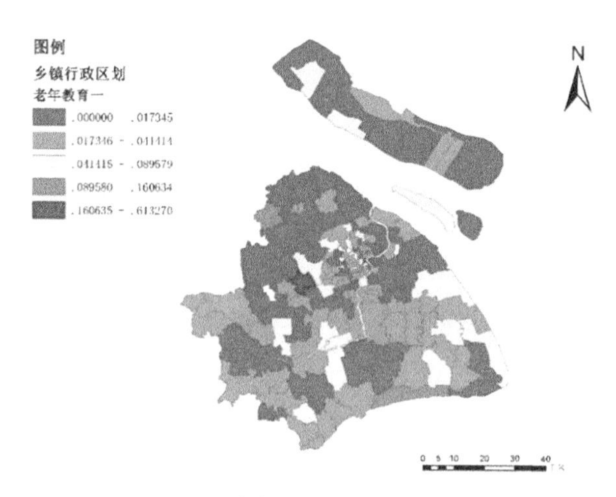

图 4-40　老年教育平均可达距离系数图

c. 高方案

在测算老年人口居住点和老年大学等健康社会资源之间的距离阈值，也称为搜索半径时，取各街道(乡镇)老年人口居住点到最近的老年大学之间距离的最大值的平均值，也称之为最远可达距离。根据测算，最远可达距离的搜索半径为 163.76 公里，上海各乡镇老年人口的健康社会资源可达性系数如图 4-41 所示，可达性系数呈现较好的发展态势，郊区化趋势明显，但这一最远距离超出了实际老人接受老年大学教育的限度，可能性较低。

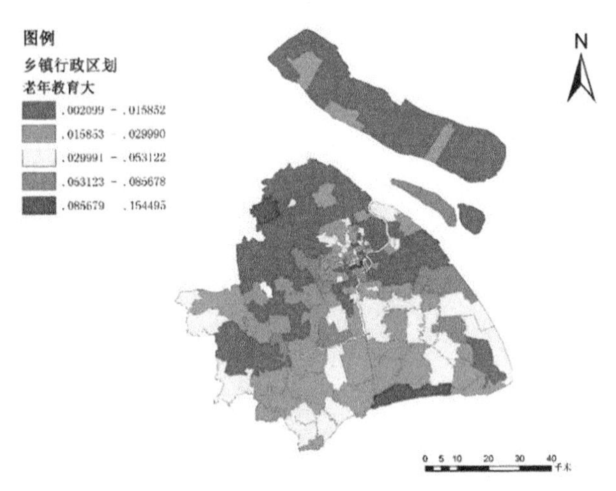

图 4-41 老年教育最远可达距离系数图

4.5 本章小结

本章主要是对上海老年人口与健康资源的空间匹配现状情况进行评价和总结，这为后续研究提供基础。

首先，对上海老年人口的数量、规模、年龄结构等特征进行总体分析，并利用分要素、灰色理论、双线性开放—动态人口模型等相关模型对上海老年人口数量、年龄结构、空间分布进行预测和分析。在当前上海严厉的人口调控政策未发生明显变动情况下，外来人口导入规模有限的条件下，2020 年 60 岁及以上的户籍老年人口将达 545 万左右，约占户籍总人口的 37%，若将外来常住老年人口考虑在内，2020 年上海市常住老年人口数将有可能达 600 万，常住老年人口占常住总人口的 24%。而上海老年人口分布呈现中心集聚，环形分布的总体特征。老年人口数量、规模、结构、分布是老年人口健康资源优化配置的前提和基础。

其次，对上海老年人口健康资源的分布状态进行研究。通过对健康环境资源、健康社会资源、健康服务资源的分析，全面掌握上海老年人口健康资源的状况。其总体分布与上海老年人口的分布呈现不相匹配的特征，近郊区集聚较多。因此，在考虑老年人口与健康资源空间匹配时，需要综合考虑人口分布特征，优化配置老年人口健康资源，提高资源的空间效用。

最后，对老年人口健康资源可达性情况进行分析。可达性系数越高，表明资源的可达性效果越好。运用 GIS 可达性空间分析方法，分高中低三种方案，对上海老年人口健康资源的可达性进行全面分析。作为中方案的平均距离法是当前学术界比较认可的可达性测算法。研究发现基于平均可达距离的老年人口健康环境资源、老年人口健康服务资源和老年人口健康社会资源可达性较低。三甲医院等优质医疗资源的空间可达性比一般医疗资源可达性更低。高方案时，虽然可达性系数较高，可达性较好，但平均可达距离太远，不符合人们现实中老年人口健康资源选择的逻辑。

第 5 章　老年人口与健康资源空间匹配的评价指标与模型建构

老年人口与健康资源的空间匹配具有重要的理论和实践价值，在进行实证验证的基础上，何为空间匹配？如何评价空间匹配？用那些方法和模型进行评价？因此，提出老年人口与健康资源空间匹配模型构建的思想、动力、原则，空间匹配模型的评价方法，空间匹配模型的指标体系，空间匹配模型的构建与测算显得尤为重要。

5.1　空间匹配模型构建的思想、动力与原则

5.1.1　空间匹配模型的构建思想

一般来讲，匹配包含数量、类型、空间等几个方面的匹配，在考虑数量和类型的匹配基础上，本书更多地聚焦在空间的匹配。上海老年人口与健康资源的空间匹配，即在空间上实现供给与需求的相对一致性，老年人口空间需求得到最大满足，健康资源空间供给效用最大化，这是本书模型构建的核心思想。

当前，国内外学者用多种学科视角和多种分析方法，来研究匹配问题。其中耦合度或匹配度分析是一种积极的探索，其主要应用于人口与环境之间的动态复杂关系和协同程度的解析，这为本书匹配模型的选择提供了思路和框架。本书借用这一研究思想，将老年人口和健康资源作为两个相互独立、相互依存的系统，借用一定的时间序列指标，动态测量两个系统之间的匹配和协同。

本书认为老年人口与健康资源的空间匹配既是“质”和“量”的统一，也是“静态”和“动态”的统一。对“存量”资源的匹配，更多的考虑是静态的匹配，限于城市空间资源的有限性，很难实现大的变动。如三甲医院等老年医疗资源，由于城

市规划和历史等原因,集聚中心城区的现状难以改变。对“动态”匹配的理解,一方面是对于“存量”资源进行优化配置,如通过互联网实现老年人健康资源的流动服务,走进社区,走进老年人家庭等;另一方面,主要是考虑“增量”资源的匹配。新增老年人健康资源,主要考虑郊区、流动老年人口、资源较少地区等,实现动态匹配的设计。在这一思想的指导下,本书采用了两种测度方法,分“静态”和“动态”分别进行了老年人口与健康资源空间匹配度测量。

5.1.2 空间匹配模型构建的动力机制

人口老龄化作为当前党和国家最为关心的民生问题,老年人口作为21世纪对社会经济有重大影响的人口群体,通过老年人口与健康资源的空间匹配,加强对老年人口的健康投资,有利于提高老年人口群体的健康水平,提高老年人参与社会的能力,挖掘老年人口群体的人力资源潜力,为积极应对人口老龄化做出尝试。

5.1.2.1 老年人口与健康资源的空间匹配的经济收益

健康是人力资本的重要组成部分,每个人出生都获得一笔初始的健康“存量”,这种健康“存量”随着年龄的增加呈现不断减少的态势,在这一过程中,每个人可以对健康进行投资,确保健康“存量”不会因为年龄的增加而降低。

20世纪80年代以后,学术界对健康与经济的关系越来越重视,健康人力资本成为与教育人力资本并列的共同影响经济的重要因素之一。Denison(2005)就健康与经济的关系进行了研究,以美国经济为例,死亡率的下降可以使经济增长率提高。学界很多学者还从实证方面给与了验证。Mayer(2001)借助宏观数据进行了分析,利用时间序列,验证了延长健康预期寿命,可以有效发挥经济效应,促进经济增长。Strauss&Thomas(1997)从微观视角,对身高与工资收入进行回归分析,发现身高影响工资收入呈显著状态。

从经济学视角,绩效是指社会经济活动的结果和成效。老年人口与健康资源的空间匹配会带来直接的经济收益,一方面,通过提高老年人口健康水平,进而提高老年人口的健康人力资本,延长了老年人口的健康预期寿命,使其可以在各种工作岗位上产生更多的经济社会价值,从而增加整个社会的经济收益;另一方面,实现人口与环境、资源的均衡发展,会提高城市的综合收益。城市发展是一个综合系统,是各个功能模块协同发展的结果,只有各个子功能达到最优,分工合作,协同发展,效益才会最大化。城市老年人口与健康资源的空间匹配,有利于实现城市空间绩效的最大化,实现人口与资源要素的均衡发展,避免系统的严重失调。

5.1.2.2 老年人口与健康资源的空间匹配的社会效益

老年人口与健康资源的空间匹配除了会产生经济收益之外，还会产生良好的社会经济效益。实现老年人健康资源的优化配置，有利于提高老年人口健康资源的可达性，让老年人口以最快的时间、最近的距离看上病，享受到医疗保健、健康环境、老年护理、精神慰藉等健康服务，可以有效地降低老年人口的患病率，减少国家、企业、个人用于老年疾病方面的支出。

实现老年人口与健康资源的匹配，可以有效地降低老年人口疾病的发生概率，减少国家、社会和个人用于老年人医疗费用的支出，提高老年人口的健康幸福感，有利于整个社会和谐氛围的营造，具有重要的社会经济效益。

5.1.3 空间匹配模型构建的原则

根据前文的分析，老年人口与健康资源的空间匹配，是一个综合性的概念范畴，是诸多因素共同起作用的结果。既有静态的特征，更是动态的变化的过程。

5.1.3.1 可操作性原则

任何模型的构建都必须具有可操作性，才能实现其目标和价值。老年人口与健康资源的空间匹配模型的构建，从数据来源和数据处理的角度，选择能准确反映上海老年人口和健康资源空间匹配的指标，比较容易获取数据，并且能够定量反映上海老年人口与健康资源空间匹配的差异。

5.1.3.2 代表性原则

现实中，模型构建需要众多的指标，有的指标是原始指标，有的是汇总归类指标。不同的指标，对主题的作用是不同的，因此需要选用具有代表性能够对主题有重大支撑的数据。老年人口健康资源的指标体系设计的要素很多，本书选取养老机构、医疗机构、老年教育机构等具有较强代表性的指标，能够充分反映不同老年人健康资源。

5.1.3.3 全面与重点相结合的原则

在模型构建过程中，往往会面临着一定的取舍，既要全面反映问题，又要重点解决一些问题。特别是在用指标进行综合反映问题时，更会面临这种选择。对指标的选择既要考虑周全，尽可能地将相关指标一网打尽，又要避免指标的重叠，避免漏掉主要影响因素。本书坚持了老年人健康资源全指标和重点指标的结合，力求最大限度地反映老年人健康资源的真实状况。

5.1.3.4　静态和动态相结合的原则

本书模型构建的指导思想已经交代了老年人口与健康资源匹配的特殊性，要考虑其“存量”资源的静态配置和“增量”资源的动态配置的结合，只有这样，才能实现模型的相对准确，才能更好地反映老年人口与健康资源的互动匹配。静态是对相对稳定状态下老年人口与健康资源匹配状况的分析，是一种必要的基本分析。而在时间、条件发生变化后，对老年人口与健康资源空间匹配动态的分析，则显得更为重要。

5.2　空间匹配模型的评价方法

5.2.1　模糊综合评判的基本方法

模糊综合评判是当前比较常用的一种定量分析方法，其原理在于以模糊变换和推理为主体，进行模糊变换和模糊系统评价。对模型的每一个分支进行综合，在此基础上先进行子因素的评判，然后汇总形成对诸因素的评判。

5.2.1.1　构成要素

有评判因素和评语等级组成的两个论域：

$$U=U_1,U_2,\cdots,U_m;V=\{V_1,V_2,\cdots,V_n\}$$

其中，评判因素组合为 U；评语等级为 V。

U_i代表第 $i(i=1,2,\cdots,n)$个评判因素；$R_i=[r_{i1},r_{i1},\cdots r_{im}]$代表其评判结果。基于以上因素，构建评判决策矩阵，界定 U 和 V 的模糊关系

$$R=\begin{pmatrix}R_1\\R_2\\R_3\\R_4\end{pmatrix}=\begin{bmatrix}r_{11} & \cdots & r_{1n}\\ \vdots & \ddots & \vdots\\ r_{m1} & \cdots & r_{mn}\end{bmatrix}$$

$\overline{A}=[a_1,a_2,a_3,\cdots,a_m]$为综合权数，基于模糊评判模型，计算模糊子集，从而得到：

$$\overline{B}=\overline{A}*R=[b_1,b_2\cdots,b_n]$$

5.2.1.2　综合评判模型

对 U/n 中的 m 个评判因素子集 $U_i(i=1,2,\cdots,m)$，进行综合评判，其评判决策矩阵为

$$\boldsymbol{R}=\begin{pmatrix}\widetilde{B_1}\\\widetilde{B_2}\\\vdots\\\widetilde{B_n}\end{pmatrix}=\begin{bmatrix}b_{11} & \cdots & b_{1n}\\\vdots & \ddots & \vdots\\b_{m1} & \cdots & b_{mn}\end{bmatrix}$$

其中B_{ij}表示对i个指标做出的第j级评语U_j的隶属度，B_{ij}的值是通过专家打分得到的。

$$B_{ij}=\frac{v_{ij}}{\sum_{j=1}^{n} v_{ij}}$$

$B=\overline{A}\cdot R=(b_1,b_2\cdots b_n)$，若$\sum_{j=1}^{n} b_j\neq 1$，则需要对$B$进行归一化处理。

5.2.2 层次分析法

层次分析法也被称为AHP分析法，具有定量和定性综合分析的特征，可以实现从繁到简，复杂到简单的转化过程。基本步骤如下：

(1)梳理研究对象。将要研究的问题进行详细的分析，包括指标、因子及其相互之间的关系等。

(2)以层次结构的方式建立数学模型。分成若干层次，按照最底层(措施层)、中间层(准则层)、最高层(目标层)的形式进行设计，构建层次分析模型。

(3)判断矩阵的组织与设立。作为AHP分析方法的最为重要的核心组成部分，判断矩阵是对本层次中相关元素的重要性进行评价，和上一层元素进行比较，最后建立判断矩阵。

(4)单个层次的顺序排序。其目的主要是对上个层次的某个元素而言，确定本层的元素的权重值，是本层次对之前层次重要性排序的判断。

(5)最后总排序。计算上一层元素权重值，并进行综合排序。

5.2.3 匹配度评价方法

当前学术界有多种方案和模型反映匹配度或者耦合度的测算，各有所长。吴跃明等(1996)认为匹配度测算要基于协同论展开。廖重斌(1999)利用经济与环境的协调来表达两个系统之间的耦合程度。也有其他学者提出了与以上学者相近的协调模型。从数据的可采用性角度出发，本书在廖重斌(1999)提出的匹配度模型上进行改进，构建老年人口与健康资源的匹配模型。

模型首先建立老年人口子系统综合效益评价函数，以及老年人健康资源子系统综合效益评价函数：

$$f(p)=\sum_{i=1}^{m} a_i p'_i$$

$$g(q)=\sum_{j=1}^{n} b_j q'_j$$

上述模型中，$f(x)$，$g(y)$代表老年人口子系统和老年人健康资源子系统综合效益，a_i，b_j，表示模型中的各项指标的系数。系数的数值根据前文介绍的主成分分析计算得出。在对模型各项数据指标标准化，得到值x_i，y_j。模型运用极差法来消除因为老年人口子系统和老年人口健康资源子系统不同量纲而引起的评价标准的差异。具体可以解释为对数据越大越好的指标，通过正向指标公式来计算其标准化值，对于数据越小越好的指标，其标准化值可以通过负向指标公式得到。

正向指标：

$$Z_{ij}=\frac{p_{ij}-\min\{p_j\}}{\max\{p_j\}-\min\{p_j\}}$$

负向指标：

$$Z_{ij}=\frac{\max\{p_j\}-p_{ij}}{\max\{p_j\}-\min\{p_j\}}$$

系统的匹配度模型如下：

$$C=\left\{\frac{f(p)\times g(q)}{\{(f(p)+g(q))\div 2\}^2}\right\}^k$$

$$T=af(p)+bg(q)$$

$$D=\sqrt{C\times T}$$

上述公式模型中，C 表示匹配度，在社会经济水平发展相对稳定的情况下，老年人口与健康资源的空间匹配程度。匹配度 C 的取值空间为[0,1]，数值越大，表示匹配效果越好，匹配越协调。K 为用来评价结果区分度的调节系数，本书以 $k=2$ 为这一系数，a、b 为等待系数，老年人口与老年人健康只有子系统是两个独立系统，且地位同等重要，因此将 a、b 取值为 0.5；D 为匹配程度系数，取值范围为[0,1]，值越大，代表匹配度越好。

5.3　空间匹配模型的指标体系

5.3.1　指标体系的建立

基于科学性、可操作性、独立性和针对性等原则，利用中国知网数据库对近年来老年人口、健康资源等主题进行学术关注统计，选出频率高的主题指标；对老年人口综合发展与老年人口健康资源综合利用指标进行分解与归纳；采用四层指标体系建构，对老年人口与健康资源空间匹配指标进行分解和细化；最后将所有指标反馈给相关领域的专家进行修改和遴选，得出所有指标。

指标体系构建过程中，将目标层设为老年人口与健康资源空间匹配的总体目标评价，系统层为老年人口子系统和老年人健康资源子系统，运用综合水平测度的方法，表述两个系统的发展现状。分支层是用各种指标来支撑系统层和目标层。本书中分支层的指标按照模型构建的思想和原则进行设立。最后是指标层，按照分支层的总体指标，具体解析为指标层的具体数据，这些指标层数据都可以从统计年鉴中获取，数据相对容易获得。本体系共选择了 6 大类 16 个指标，进行老年人口与健康资源空间匹配的演进分析。

具体如表 5-1 所示。

表 5-1　老年人口与老年健康资源匹配的指标体系

目标层	系统层	分支层	指标层
老年人口与健康资源的空间匹配度 A	老年人口子系统 B	老年人口数量 p_1	60 岁及以上老年人口 p_1
			65 岁及以上老年人口 p_2
		老年人口密度 p_2	60 岁及以上老年人口 p_3
			65 岁及以上老年人口 p_4
		老年人口年龄 p_3	低龄老年人口 p_5
			中龄老年人口 p_6
			高龄老年人口 p_7
	老年人口健康资源子系统 C	老年人口健康环境资源 q_1	城市绿地面积 q_1
			公园绿地面积 q_2
			公园数 q_3
		老年人口健康服务资源 q_2	医疗机构数 q_4
			医院床位数 q_5
			卫生技术人员 q_6
		老年人口健康社会资源 q_3	养老机构 q_7
			老年大学数 q_8
			体育设施数 q_9

5.3.2 数据来源和处理

老年人口与健康资源空间匹配的指标体系如表5-1所列，其数据来源主要有2011—2016年《上海统计年鉴》数据、上海市公安局2016年普查数据、上海市老龄委2011—2016年统计数据。数据的处理和说明如下：

(1)所有数据都是按照分区的空间数据收集和整理。无论是老年人口数据，还是老年人口健康资源数据，都是按照上海市分区数据收集和整理，将每个指标的空间情况进行展示和分析。

(2)老年人口数据都是按照上海常住老年人口数据进行收集和整理。老年人口健康资源的空间供给，虽然当前存在因为户籍导致的资源配置不均的问题，但本书将常住老年人口作为上海老年人口健康资源优化配置的对象主体。

(3)老年人口健康资源指标数据选取的有限性。本书可能并不能穷尽所有的影响老年人口健康的指标，是在充分考虑影响老年人口生理、心理和社会参与等方面健康的基础上，根据数据可获得和可比性的原则，将硬件和软件资源加以考虑，是相对有限的条件下所能获取客观数据的指标反映。

5.4 空间匹配的模型建构与测算

5.4.1 静态匹配模型建构与测算

基于老年人口分布相对稳定状态下(非动态)，得到健康资源优化配置的空间指数，即老年人口分布与健康资源空间静态匹配模型。本书首先运用层次分析法，构建健康资源的层次结构模型，构造对比矩阵，通过SPSS计算指标权重。其次采用模糊综合测评的方法，计算老年人口健康资源优化配置的空间指数，得出老年人口健康资源优化配置情况的测度结果。

5.4.1.1 权重计算

通过建立"递阶层次结构"，确定目标层与指标层元素的隶属关系。以目标层为准则，按照9个指标的相对重要性程度对它们进行两两比较，并赋予相应的权重。通过专家系统的回答，对指标与进行两两比较，并赋予1到9标度的重要度。如表5-2所示。

表 5-2 指标相对重要度判断矩阵

判断尺度	与进行两两比较含义
1	重要性相同
3	前者比后者稍重要
5	前者比后者较为重要
7	前者比后者特别重要
9	前者比后者极为重要
2、4、6、8	两要素之比在上述相邻等级之间
1/2、1/4、1/9	两因素相比与上述相反

可得在目标 A 下的 t 个对称的判断矩阵($k=1,2,\cdots,t$)。其中,t 为调查得到的矩阵数。判断矩阵中的元素,表明了第 k 个专家给出的指标相对于的重要性。

根据每个专家的具体情况,给出相应的权重$=(1,2,\cdots,t)$。基于分散的各个模糊矩阵,整合为模糊判断矩阵 $\widetilde{M}$,如下:

$$M=(\widetilde{M}_{ij})=(l_{ij},m_{ij},u_{ij}),$$

其中

$$(l_{ij},m_{ij},u_{ij})=\frac{1}{\sum\limits_{k-1}^{t}r_k}\left[\sum_{k-1}^{t}(l_{ij}^{(k)},m_{ij}^{(k)},u_{ij}^{(k)})\cdot rk\right]$$

$$=\left(\frac{\sum\limits_{k-1}^{t}l_{ij}^{(k)}\cdot rk}{\sum\limits_{k-1}^{t}r_k},\frac{\sum\limits_{k-1}^{t}m_{ij}^{(k)}\cdot rk}{\sum\limits_{k-1}^{t}r_k},\frac{\sum\limits_{k-1}^{t}u_{ij}^{(k)}\cdot rk}{\sum\limits_{k-1}^{t}r_k}\right)$$

根据所示目标层、指标层的联系及主次要地位,查阅相关资料得到以下"递阶层次结构"(见图 5-1)。

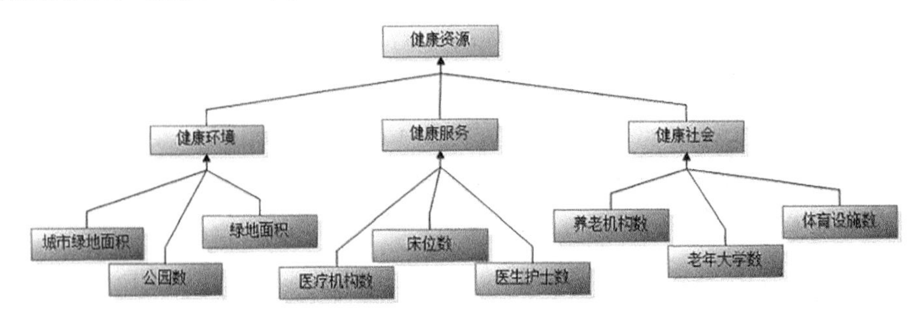

图 5-1 老年人口健康资源因子层级关系示意图

计算权重并进行一致性检验，$W=(WB_1,WB_2,WB_3)=(0.2098,0.5499,0.2402)$，$\lambda_{max}=3.0183$，$CR=0.0176<0.1$，因此判断矩阵具有一致性。

表 5-3　老年人口健康资源指标判断矩阵

老年人口健康资源指标	老年人口健康环境资源	老年人口健康服务资源	老年人口健康社会资源	Wi
老年人口健康环境资源	1	1/3	1	0.2098
老年人口健康服务资源	3	1	2	0.5499
老年人口健康社会资源	1	1/2	1	0.2402

数据来源：作者根据 2012—2016 年上海统计年鉴数据整理计算所得。

一致性比例为 0.0516，$\lambda_{max}=3.0536$，因此判断矩阵具有一致性。

表 5-4　老年人口健康环境资源指标判断矩阵

老年人口健康环境指标	公园数	城市绿地	绿地面积	Wi
公园数	1	3	3	0.5936
城市绿地	1/3	1	2	0.2493
绿地面积	1/3	1/2	1	0.1571

数据来源：作者根据 2012—2016 年上海统计年鉴数据整理计算所得。

一致性比例为 0.0176，$\lambda_{max}=3.0183$，因此判断矩阵具有一致性。

表 5-5　老年人口健康服务资源指标判断矩阵

老年人口健康服务指标	床位数	医疗机构数	医生护士数	Wi
床位数	1	1/4	1/2	0.1365
医疗机构数	4	1	3	0.6250

（续表）

老年人口健康服务指标	床位数	医疗机构数	医生护士数	Wi
医生护士数	2	1/3	1	0.2385

数据来源：作者根据2012—2016年上海统计年鉴数据整理计算所得。

一致性比例为0.0516，$\lambda_{max}=3.0536$，因此判断矩阵具有一致性。

表5-6 老年人口健康社会资源指标判断矩阵

老年人口健康社会指标	养老机构数	老年大学数	体育设施数	Wi
养老机构数	1	2	1/2	0.3108
老年大学数	1/2	1	1/2	0.1958
体育设施数	2	2	1	0.4934

数据来源：作者根据2012—2016年上海统计年鉴数据整理计算所得。

根据所示的各因素因子之间的层次关系，通过统计资料和专家评分，计算出二级指标权重，得到各因素因子的权重如下：

表5-7 老年人口健康资源各因素对各种方案的模糊隶属度值及其权重表

一级指标	二级指标	权重
老年人口健康环境资源 q_1	城市绿地数 q_1	12.46%
	公园数 q_2	5.23%
	绿地面积 q_3	3.30%
老年人口健康服务资源 q_2	医疗机构数 q_4	34.37
	床位数 q_5	7.51%
	医生护士数 q_6	13.12%
老年人口健康社会资源 q_3	养老机构 q_7	11.85%
	老年大学数 q_8	7.47%
	体育设施数 q_9	4.70%

数据来源：作者根据专家打分数据整理计算所得。

权重评价是因子分析的重要组成部分。在因子分析过程中，如果不能判断两个指标因素的重要性，就需要对判断矩阵的不相容型或者偏差进行检验。

(1)由定义 $\lambda_{\max}=\sum_{i=1}^{n}\frac{AW}{NW}$，其中 $\lambda_{\max}$ 为通过计算得出的判断矩阵的最大特征值。

(2)根据公式 CI，求得 $CI=\frac{\lambda_{\max}}{n-1}$。

(3)根据公式 $CR=\frac{CI}{RI}$，经过计算得到一致性比例值 CR。根据因子分析原理，当 $CR<0.1$ 状态的时候，这种一致性指标可以被认为合理的，或者表达为权重结果符合一致性的要求。

表5-8 平均随机一致性指标 *R.I.*

矩阵阶数	1	2	3	4	5	6	7	8
R.I.	0	0	0.52	0.89	1.12	1.26	1.36	1.41
矩阵阶数	9	10	11	12	13	14	15	
R.I.	1.46	1.49	1.52	1.54	1.56	1.58	1.59	

数据来源：作者根据资料中的相关数据整理计算所得。

5.4.1.2 等级鉴定

根据学术界谢季坚(2013)评测方法，可以将老年人口与健康资源空间匹配指数划分为四个区间，分别表示综合评测结果的优良中差。这四个区间为：

优：匹配极好，综合评测指数：$90\leqslant Z\leqslant 100$；

良：匹配较好，综合评测指数：$70\leqslant Z\leqslant 90$；

中：匹配一般，综合评测指数：$60\leqslant Z\leqslant 70$；

差：匹配较差，综合评测指数：$0\leqslant Z\leqslant 60$。

根据模糊综合评价模型公式 $B=\overline{A}\cdot R$，得出计算结果：

$20.98\%\times(12.46\%+5.23\%+3.30\%)+54.99\%\times(7.51\%+34.37\%+13.12\%)+24.02\%\times(7.47\%+4.7\%+11.85\%)=40.41\%$

综上，基于老年人口分布的相对稳定性，构架老年人口健康资源优化配置的空间指数，构建静态匹配模型。经过测算，将最终结果40.41%，与综合测评结果区间进行匹配，显示静态匹配状态下，综合匹配情况测评为差。这也较好地反映了当前上海老年人口与健康资源空间匹配的现状。

5.4.2 动态匹配模型建构与测算

基于老年人口分布动态变化和健康资源空间分布变化的现实情况，运用层次分析法构建老年人口分布子系统和健康资源子系统指标体系，运用主成分分析法，得出老年人口分布和健康资源得分矩阵，其次采用匹配度模型进行分析，计算老年人口分布与健康资源空间匹配度，将这一匹配度与判断匹配度标准进行比对，得出上海老年人口分布与健康资源空间匹配结果。

5.4.2.1 分析方法及过程

(1)数据的标准化处理。

采集 P 维随机向量 $x=(x_1,x_2,\cdots,x_p)^T$，n 个样品，$x_i=(x_{i1},x_{i2},\cdots,x_{ip})^T$，$i=1,2,\cdots,n$，$n>p$，构造样本阵，对样本阵进行如下标准化变换：

$$Z_{ij}=\frac{x_{ij}-\overline{x}_j}{s_j},i=1,2,\cdots,n,\ j=1,2,\cdots,p$$

其中，$\overline{x}_j=\frac{\sum\limits_{i=1}^{n}}{n}$，$s_j^2=\frac{\sum\limits_{i=1}^{n}(x_{ij}-\overline{x}_j)^2}{n-1}$

通过上式计算所得矩阵 $\boldsymbol{Z}$。

(2)$\boldsymbol{Z}$ 的相关性系数矩阵如下：

$$R=[r_{ij}]_p xp=\frac{Z^TZ}{n-1}$$

其中，$r_{ij}=\frac{\sum z_{kj}\cdot z_{kj}}{n-1}$，$i,j=1,2,\cdots,p$

(3)确定主成分 m 值：基于 $\frac{\sum\limits_{j=1}^{m}\lambda_j}{\sum\limits_{j=1}^{p}\lambda_i}\geqslant 0.85$ 确定主成分 m 值，对原始指标解释达85%以上。

(4)通过标准化，将指标变量转为主成分，如下：

$$U_{ij}=z_i^T b_j^a,j=1,2,\cdots,m$$

第一主成分为U_1，第二主成分为U_2…第 p 主成分为U_p。

(5)主成分综合评价。

基于方差作为主成分的权数，进行加权求和处理，计算最终评价值。在模型运算之前，按照正向指标处理指标大的数据，负向指标处理指标小的数据的原则，对基础原始数据进行标准化处理。

正向指标：

$$Z_{ij}=\frac{p_{ij}-\min\{p_j\}}{\max\{p_j\}-\min\{p_j\}}$$

负向指标：

$$Z_{ij}=\frac{\max\{p_j\}-p_{ij}}{\max\{p_j\}-\min\{p_j\}}$$

5.4.2.2　综合水平的计算

首先是测算老年人口综合指数和老年人健康资源综合指数。利用SPSS统计分析软件，进行主成分分析，具体如下：

1)基于主成分分析的老年人口、老年人健康资源数据标准化处理

根据主成分分析基本原理，要素成分特征值大于1，累积方差贡献率超过85%，被认为该因子分析有效，并且可以提取方差的基本原则，计算得到老年人口综合主成分分析表5-9、老年人健康资源综合主成分分析表5-10和综合主成分得分矩阵表5-11，具体如下：

表5-9　老年人口综合主成分分析结果

主成分	特征值	贡献率(%)	累积贡献率(%)
1	4.96	70.86	70.86
2	2.024	28.909	99.768

数据来源：作者根据2012—2016年《上海统计年鉴》数据主成分分析整理计算所得。

表5-10　老年人口健康资源主成分分析结果

主成分	特征值	贡献率(%)	累积贡献率(%)
1	4.914	61.424	61.424
2	1.767	22.088	87.513

数据来源：作者根据2012—2016年《上海统计年鉴》数据主成分分析整理计算所得。

表 5 - 11 综合主成分得分矩阵

P	1	2	Q	1	2
p_1	0.202	0.001	q_1	0.026	0.467
p_2	0.198	−0.042	q_2	0.153	0.259
p_3	0.203	0.085	q_3	0.167	−0.069
p_4	0.202	−0.005	q_4	0.191	0.081
p_5	0.201	−0.008	q_5	0.195	−0.169
p_6	0.015	0.492	q_6	0.198	−0.214
p_7	0.014	0.492	q_7	0.182	0.13
			q_8	0.086	−0.418
			q_9	0.081	0.201

数据来源:作者根据 2012—2016 年《上海统计年鉴》数据主成分分析整理计算所得。

2)基于主成分分析的老年人口与健康资源综合评价函数构建

根据主成分分析原理,以方差为权数,以得分值为变量,构建函数如下:

$$f(p)= 0.7086\, Z_1+0.28909\, Z_2$$

$$g(q)=0.61424\, Z_3+0.22088\, Z_4$$

式中,$f(p)$为老年人口综合函数,Z_1、Z_2 代表老年人口综合函数第一、第二主成分得分值;$g(q)$为老年人口健康资源综合利用函数,Z_3、Z_4 代表老年人口健康资源综合状况的第一、二主成分得分值。$Z_i\ (i=1,2,3,4)$由主成分得分系数和相应原始变量的标准化值计算。即:

$$Z_1=0.202p_1+0.198p_2+0.203p_3+0.202p_4+0.201p_5+0.015p_6+0.014p_7$$

$$Z_2=0.001p_1-0.042p_2+0.085p_3-0.005p_4-0.008p_5+0.492p_6+0.492p_7$$

$$Z_3=0.026q_1+0.153q_2+0.167q_3+0.191q_4+0.195q_5+0.198q_6+0.182q_7+0.086q_8+0.081q_9$$

$$Z_4=0.026q_1+0.259q_2-0.069q_3+0.081q_4-0.169q_5-0.214q_6+0.130q_7-0.418q_8+0.201q_9$$

5.4.2.3 人口与资源环境匹配度的计算

根据匹配度模型如下:

$$C=\left\{\frac{f(p)\times g(q)}{\{[f(p)+g(q)/2]\}^2}\right\}^k$$

$$T=af(p)+bg(q)$$

$$D=\sqrt{C\times T}$$

上述公式模型中，C 表示匹配度，在社会经济水平发展相对稳定的情况下，老年人口与健康资源的空间匹配程度。匹配度 C 的取值空间为[0,1]，数值越大，表示匹配效果越好，匹配越协调。K 为用来评价结果区分度的调节系数，本书以 k=2 为这一系数，a、b 为等待系数，老年人口与老年人口健康资源子系统是两个独立系统，同等重要，因此将 a、b 各取值为 0.5；D 为匹配程度系数，取值范围为[0,1]，值越大，代表匹配度越好。

对上海老年人口与健康资源空间匹配进行计算，结果如表 5－12 所示。

表 5－12　上海市老年人口与健康资源空间匹配度测算(2011—2015 年)

年份	2011	2012	2013	2014	2015
老年人口发展指数 f(p)	0.1517	0.1631	0.2456	0.2859	0.2984
健康资源综合指数 g(q)	0.5534	0.5337	0.5556	0.5552	0.5005
D	0.0804	0.0896	0.1448	0.1694	0.4647

数据来源：根据资料中的相关数据整理计算所得。

根据灰色理论预测 GM(1,1)模型，以 2011—2015 年上海市老年人口与健康只有空间匹配度测算数据为依据建立模型，采用灰色理论方法，对未来五年上海市老年人口发展指数 F(P)、健康资源综合指数 G(Q)和匹配系数 D 进行预测(以 2011 年为基础年)，即 2011 年时间 t=0。运用上面 GM(1,1)模型的建模方法，计算如表 5－13 所示。

表 5－13　上海市老年人口与健康资源空间匹配度预测(2016—2020 年)

年份	2016	2017	2018	2019	2020
老年人口发展指数 $F(P)$	0.3538	0.3954	0.4371	0.4787	0.5203
健康资源综合指数 $G(Q)$	0.5144	0.5059	0.4975	0.4891	0.4806

（续表）

年份	2016	2017	2018	2019	2020
D	0.4443	0.5291	0.6139	0.6988	0.7837

数据来源：根据资料数据进行灰色预测计算所得。

5.4.2.4 匹配等级的判断

匹配等级的划分是老年人口与健康资源匹配度衡量的标准。根据学术界钟霞、刘毅华(2012)，廖重斌(1999)等学者对匹配度研究的基础，基于均匀分布函数的划分方法进行改进，匹配度区间标准如表5-14。

表5-14 空间匹配发展程度的判别标准及划分类型

不可接受区间D	失调衰退类型	可接受区间D	匹配类型
0—0.09	极度失调类	0.50—0.59	勉强匹配类
0.10—0.19	严重失调类	0.60—0.69	初级匹配类
0.20—0.29	中度失调类	0.70—0.79	中级匹配类
0.30—0.39	轻度失调类	0.80—0.89	良好匹配类
0.40—0.49	濒临失调类	0.90—0.99	优质匹配类

根据匹配度的测算模型，将标准化后的指标数据，以主成分的方差贡献率作为权数，分别计算上海老年人口和老年人健康资源子系统的得分。对上海市2011—2020年老年人口与健康资源空间匹配度进行测算(见表5-12、表5-13)，并将两个表中的$F(P)$和$G(Q)$和D的数据与时间序列数据进行拟合，演示其变化过程，如图5-2所示。

研究发现，从2011年到2015年，老年人口与健康资源两个子系统离差度较大，D匹配度系数总体呈现上升趋势，但波动较大。从2016年到2020年预测数据来看，老年人口与健康资源两个子系统吻合度较好，D匹配系数呈现平稳上升态势。

老年人口综合发展水平不断提高。根据图5-2所示，上海老年人口发展指数成缓慢上升态势，这与上海常住人口的结构和空间分布相对吻合，郊区化政策效应开始显现。多项式函数为$y=-8E-0.5x^2+0.3439x-388.23$ ($R^2=0.9908$)。随着经济社会发展，上海常住人口的分布由原来的高度中心集聚，到

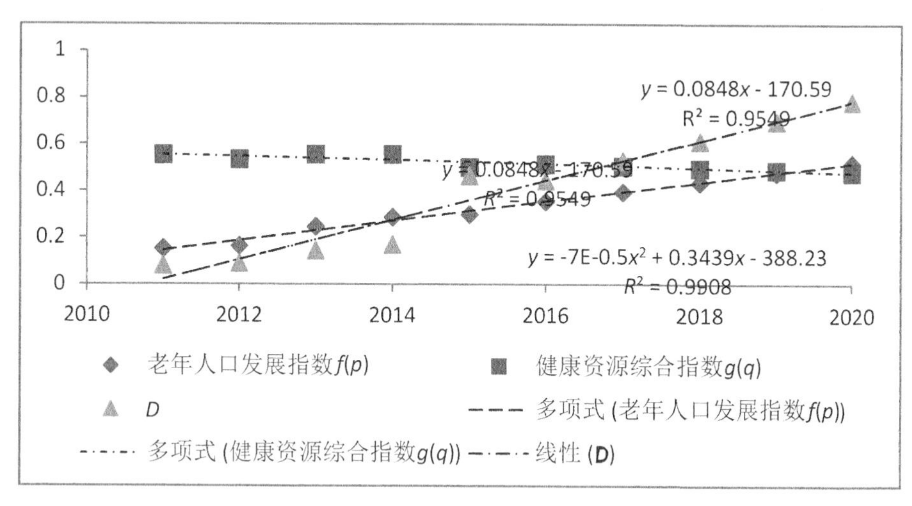

图5-2　老年人口与健康资源空间匹配度系数图

当前的郊区化趋势明显，老年常住人口的空间分布趋势与之类似。随着郊区养老机构、医疗机构、教育资源、体育场所等各类公共资源配置力度加大，一方面，越来越多的户籍老年人口选择从中心城区到郊区居住和生活；另一方面，外来流动人口也越来越将郊区特别是近郊区作为首选的居住和工作区间，上海老年人口总体分布趋向变好。

老年人口健康资源综合指数波动下降。图5-2显示，老年人口健康资源综合指数相对稳定，呈现小幅下滑态势。其多项式函数为 $y=0.001x^2-4.0561x+4002.4(R^2=0.9558)$。虽然目前上海在大力推进基本公共服务均等化，各类老年人口公共资源如环境资源、体育资源、教育资源等，得到了较大的发展，但户籍、区域等方面的政策限制依然存在，老年健康资源实现上海常住老年人口全覆盖的目标还未完全实现。

老年人口与健康资源空间匹配度加强，但面临压力。拟合度系数最好的函数为 $y=0.0848x-170.59(R^2=0.9549)$，从图5-2发现，老年人口与健康资源空间匹配度指数呈现总体上升态势。从最早的极度失调，到现在受上海实施基本公共服务均等化等政策的影响，资源配置和人口变动开始联动，到2015年实现勉强匹配，但濒临失调。从2016年到2020年预测数据来看，老年人口与健康资源的空间匹配指数 D，在2020年约为0.8，与表5-14匹配区间进行比对，基本达到良好匹配区间，表明上海老年人口与健康资源空间匹配趋好。但受制于老年人口传统习惯、户籍政策、地区保护主义等因素的影响，外来流动人口不断增加，老年人对美好老年生活的差异化需求不断加大，作为特大型城市的上海，老年人口与健康资源的空间匹配压力较大。

5.5 本章小结

本章为老年人口与健康资源空间匹配的模型构建。本书从空间匹配模型构建的思想、动力、原则，空间匹配模型的评价方法，空间匹配模型的指标体系，空间匹配模型的构建与测算四个维度进行详细研究。

本书基于老年人口与健康资源的空间匹配，即在空间上实现供给与需求的相对一致性，老年人口空间需求得到最大满足，健康资源空间供给效用最大化这一核心思想，运用模糊综合评价、层次分析法、匹配度测算评价方法，构建老年人口与健康资源空间匹配评价指标，首先基于老年人口健康分布相对稳定状态下(非动态)，得到健康资源优化配置的空间指数，即老年人口分布与健康资源空间静态匹配模型；其次在基于老年人口分布动态变化和健康资源空间分布变化的现实情况，构建匹配度模型，并对上海老年人口与健康资源空间匹配情况进行了测算。

研究发现，从上海老年人口与健康资源的静态匹配测度中，可以发现当前上海老年人口与健康资源空间匹配指数位于中这一区间，匹配系数不高。在对上海老年人口与健康资源的动态匹配测度中，发现上海老年人口与健康资源空间匹配，从 2011 到 2015 年总体呈现变好态势。2011 年、2012 年总体呈现极度失调特征，到 2013、2014 年上海老年人口与健康资源匹配呈现趋好状态，虽然位于严重失调区间，但已经有较大变化。这一趋势到 2015 年继续好转，转为濒临失调区间，总体呈上升态势。运用灰色理论 GM(1,1)预测模型，预测了 2016 年到 2020 年上海老年人口与健康资源空间匹配系数，在 2020 年匹配系数约为 0.8，基本达到良好匹配区间，表明上海老年人口分布与健康资源空间匹配趋向于好转。

第6章　老年人口与健康资源空间匹配不平衡的成因分析

通过数量模型，以上海为研究对象，对老年人口与健康资源的空间匹配情况进行了测算，发现老年人口与健康资源的空间匹配不平衡。这种不平衡的深层次原因是什么？如何深入探究各个主体之间的利益关系和利益博弈，成为破解老年人口与健康资源空间匹配不平衡成因的关键所在。

6.1　老年人口与健康资源空间匹配不平衡的表现

6.1.1　老年人口与健康资源空间匹配不平衡的理论表现

当前人口地理现象的变化，与经济学有着千丝万缕的联系。在人口老龄化不断快速的今天，老年人口健康资源的需求日益加大，无限的需求增长与有限及差异化的健康资源供给能力不足之间的矛盾日益加剧，空间不平衡的人口地理学现象已经成为社会发展过程中的常见现象。

根据空间经济学的基本原理，健康资源的空间供给与老年人口的空间需求存在一个理论上的供求均衡点，利用供求分析方法解释老年人口与健康资源的匹配过程，归根到底是各种因素达到平衡点的选择问题。利用经济学原理和方法分析老年人口健康资源的空间供求关系，有利于调动各种社会资源来最大限度的满足人们对健康保健的需求，优化配置资源，提高资源的使用效益，实现老年人口与健康资源的匹配，最终增进和提高老年人口的健康水平。

根据经济学供求关系原理建立坐标系，如图 6－1 所示，横轴为老年人口健康资源的供给总量，纵轴为价格。Q 为健康资源空间供给与老年人口空间需求的均衡点。空间的供给曲线 S 在超过平衡点 Q 后，会随着数量的增加，成本也越来越高。

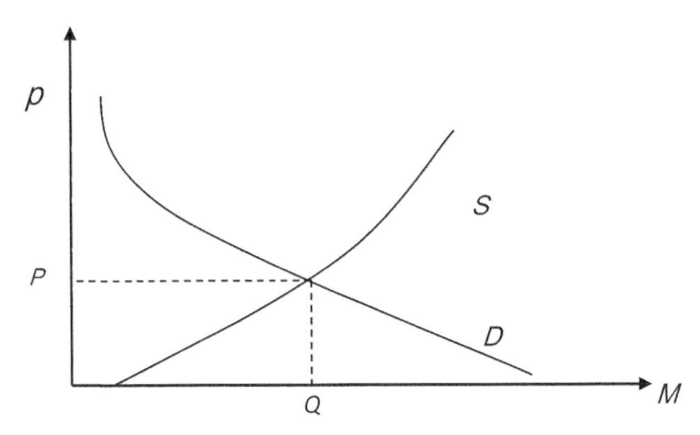

图 6－1　老年人口与健康资源空间匹配的供求均衡图

在图 6－2 所示情况下，Q_1 代表老年人口数量增加，需求加快膨胀之后的供需失衡点。随着人口老龄化程度的加深，社会经济发展水平的提高，老年人口健康需求日益旺盛，需求曲线从 D 上移为 D_1，健康资源供给曲线也在加剧上升，成本也在快速增加。

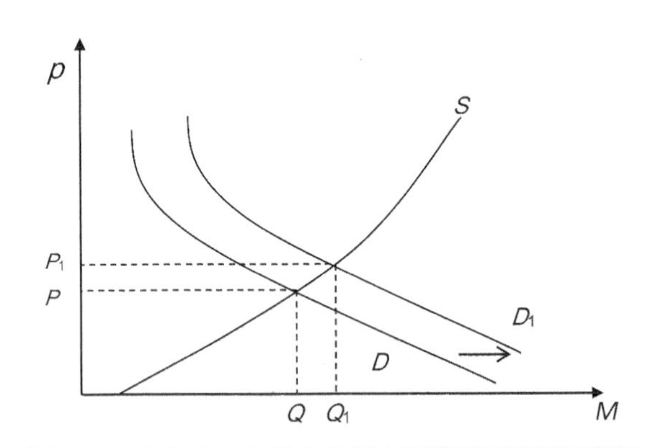

图 6－2　老年人口与健康资源空间供需匹配不平衡图

现实中老年人口健康需求的增加，既有数量、规模、结构等“量”的增加，也有随着经济社会发展，对更好老年健康生活“质”的需求的增加。如由于郊区老年人口的健康需求快速增加，现有的供给难以满足这种快速的空间变化，由此导致了老年人口健康资源空间供需匹配的不平衡。甚至发生郊区老年人口健康资源无人问津，市区老年人口健康资源“一号难求”的社会现象。由此，造成了老年人口与健康资源空间供需匹配的不平衡现象的发生。

从平衡到不平衡再到新的平衡，这是社会经济发展的一般规律。针对当前不平衡、不充分的发展矛盾，国家提出大力推进供给侧结构性改革。通过供给侧改革，交通条件得到改善，空间资源布局得到优化，老年人口健康资源的供给能力得到增强。这样供给曲线从 S 右移为 S_1，Q_1 为新的供需平衡点，如图 6-3。老年人口健康资源供给成本下降，可产生更大的经济效应和社会效应。如当前在“增量”老年人口健康资源配置时，更多地考虑郊区老年人口的健康需求，在空间上对郊区资源配置进行政策倾斜，鼓励更多的老年人口健康资源向郊区配置。各类养老机构资源的配置、三甲医院的分院布局、老年大学分校资源等老年人口健康资源在郊区的建设和布局，都是对现有老年人口健康资源空间配置的优化，从而实现新的平衡，如图 6-3 所示。

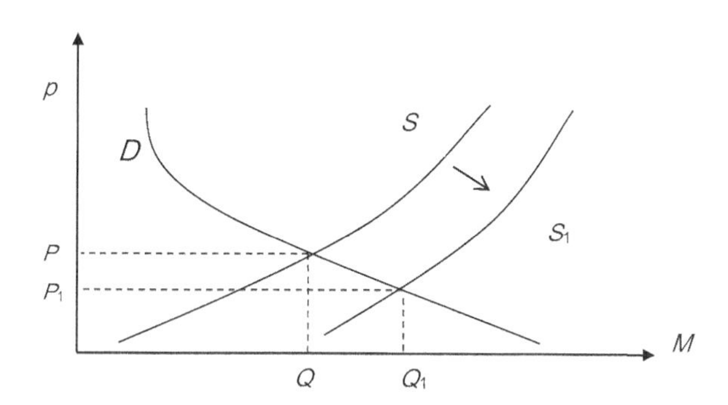

图 6-3　老年人口健康资源空间供需匹配新均衡图

6.1.2　老年人口与健康资源空间匹配不平衡的实践表现

据国家统计局收集的数据显示：截至 2017 年年初，我国的城镇化率平均为 57.35%，有十个省份的城镇化率超过全国的平均水平。国家提出了进一步推进新型城镇化建设，城市人口流动、人口空间分布的变动将成为未来一段时间社会发展的主流形态，这给包括健康资源在内的公共服务资源如何更好地优化配置形成了重大挑战。

资源在市场经济和政策规划的力量下，强调大规模的集聚效益，而人口分布由于各种原因难以实现这种相对应的人口集聚，从而造成了不同社会经济条件的居民，差异化的享有和获得公共服务，造成了社会的不公平现象，这是市场化资源调控的必然结果。当前，健康资源与老年人口分布的非公平配置现象归纳为以下两个方面：

6.1.2.1 老年人口分布与健康资源空间匹配“量”的不平衡

不断推进基本公共服务均等化，成为当前政府和学术界的共识。但一方面，当前对健康资源的公共产品、基本公共服务属性界定不清，导致其难以均等化，包括绿化、公园等自然资源，很长一段时间其对老年人口健康的影响没有得到重视；另一方面，在当前市场对资源配置起决定性作用的思想下，城市资源的配置呈现行政导向和利益导向，这也客观上造成了老年人口分布与健康资源数量匹配不平衡的外在表现。目前，一方面积聚在中心城区等核心区的“存量”老年人口数量较大，而由于地理位置等条件约束，绿化、环境等健康自然资源难以供给；另一方面，随着以人为本的新型城镇化建设的不断推进，越来越多的“增量”老年人口从中心城区、其他中小城市开始往大城市郊区流动，而包括医院、卫生护士人员等健康服务资源供给相对不足，首先造成了老年人口与健康资源空间匹配数量的不平衡。

6.1.2.2 老年人口与健康资源空间匹配“质”的不平衡

除了“数量”的不平衡之外，老年人口与健康资源空间匹配更重要的是“质量”上的不平衡，具体表现为结构、需求、权利、机会等方面的不平衡。

空间可达性是比较常见的用于评价公共服务空间布局的一种方法，表达了从一个地方到另一个地方的容易程度。它既是一个“量”的概念，也是一个“质”的概念。“量”主要是表达一种距离的容易程度，而“质”确实反映一种机会、权益的可获得性。公共资源的可达性就是公共资源的使用者和公共资源分布区位之间的空间关系。

当前资源配置在市场力量起决定性作用的指导思想下，市场的趋利性和效益最大化的目标占据上风，某种程度上忽视了社会资源特别是公共资源可达性的目标。公共资源区别于市场类资源，其主要目标不在于效益和利益，而主要是为城乡居民提供无差别、非竞争性、非排他性的公共服务和设施资源。而当前以市场为导向的后果是造成了居民获得公共资源存在差异化的时间和经济成本。如果时间和经济成本高于居民心理预期，则会导致居民特别是老年人放弃享受这类公共服务的权利。

目前，以上海为代表的城市老年人口分布呈现复杂化、多元化特点。从总体来看，当前上海老年人口的空间分布呈现中心城区高、郊区低的圈层分布特征。

一方面，积聚在中心城区等核心区的“存量”老年人口数量较大，分布相对集中；另一方面，越来越多的“增量”老年人口从中心城区、其他中小城市开始往大城市郊区流动，郊区化趋势明显。与老年人口分布特征相比，上海健康资源的空间布局不平衡，健康自然资源主要集聚在外环以外的郊区，健康服务资源则主要积聚在中心区。这就使得中心区老年人口的健康环境资源可达性较差，郊区老年人口的健康服务资源可达性较差。

另外以追求规模绩效为导向的政府行政评价标准，使得政府更多关注整个城市老年人口群体对于健康资源的空间要求，而较少关注这一人口内部，各类不同老年人如低龄、中龄、高龄老年人，行动不便、失能失智、残疾老年人等各类老年人群体的差异化和个性化需求是否得到满足。在当前资源配置的标准下，老年人口健康资源的空间需要容易被规模、总量需要的表象所掩盖。而老年人口差异化的个性空间需求需要进行针对性的空间供给，并且随着人口结构的变动而动态调整，这样才会提高老年人口健康资源供给的效果，实现供需匹配。

以三级甲等医院等为代表的优质健康服务资源，由于各种原因其空间分布呈现较大的不平衡性。总体呈现市区集聚，郊区分布稀少的总体态势。三级甲等医院等优质健康服务资源，对老年人口健康水平有重大影响。先进的医疗设施，高水平的医疗专业技术人员，较多的医疗床位资源等，可有效改善老年人口的健康水平。处于郊区的老年人口不排除有经济能力较强的群体，但与市区老年人口群体相比，更多的是经济实力较弱。优质健康服务资源更多集聚在市区，导致郊区老年人口健康服务需求得不到满足。

另外，户籍制度的存在也使得不同老年人口在获得健康资源的权利、机会等方面存在不平衡。近年来，上海外来流动老年人口的数量不断增加，但其健康体检、医保的全国转移接续等仍然存在障碍，难以享受到与户籍老年人口相同的健康资源和健康服务，这也是当前较长时间存在的突出问题之一。

6.2 老年人口与健康资源空间匹配的利益主体与利益诉求

在实现上海老年人口与健康资源空间匹配的过程中，涉及不同的利益主体，他们中间存在着利益的冲突和博弈。不同利益主体之间相互影响、相互制约、相互作用，共同影响上海老年人口与健康资源空间匹配目标和效果的实现。因此，了解不同利益主体的利益诉求和行为特征，进一步厘清利益相关者之间的利益关系，这为分析当前上海老年人口与健康资源空间匹配不平衡的社会现象，提供相关的分析视角与决策建议。

综合分析上海老年人口与健康资源空间匹配的利益相关方，主要包括上海市政府、各区、街道乡镇等各级政府在内的政府主体；包括城市绿化部门、环保部门、医疗卫生部门、教育部门、体育部门等在内的各种社会力量；包括户籍老年人口、非户籍老年人口在内的不同人群主体。各种利益主体都追求各自利益最大化，进而产生利益冲突，造成了上海老年人口与健康资源空间匹配的不平衡。所以，实现上海老年人口与健康资源空间匹配的关键在于识别不同利益主体的利益诉求，揭示不同利益主体的行为特征，厘清不同利益主体的相互关系，从而最终探究不同利益主体的利益矛盾之所在。

6.2.1 政府主体的利益诉求和行为特征

6.2.1.1 利益诉求

利益诉求式不同利益主体表达自身愿望和需求的外在展示，每个利益主体都有自己的利益诉求，有追求经济利益的，也有追求非经济利益的。利益诉求最大化是不同利益主体固有的基本特征之一，在进行利益问题分析时，需要探究不同主体的利益诉求，寻找现象背后的本质根源。上海老年人口与健康资源空间匹配，首先涉及包括上海市政府、各区政府、乡镇街道政府等各级政府主体。各级政府既是独立的行为主体和利益主体，又是上级政府的下设机构，受上级政府的管辖和管理。因此，各级政府存在着复杂的利益关系，既有经济利益又有非经济利益。

首先是经济方面的利益诉求。上海市各级政府在经济利益方面的诉求既有共性之处也存在着较大差异。共性之处主要体现在GDP导向，追求财政税收的增加等，这是各级政府都想在老年人口与健康资源匹配过程中追求的经济效益。差异之处主要体现在上海市政府追求上海市层面的效益最大化，通过上海老年人口与健康资源的匹配，追求上海整体的经济发展软实力；而各区和乡镇政府，则更多地考虑本地区的经济最大化目标，推动和促进本地区的经济发展，在某些时候，容易忽略整体利益目标的实现。

其次是非经济方面的利益诉求。第一，实现上海老年人口与健康资源的空间匹配，有利于提高上海老年人口健康水平，积极应对人口老龄化，这实践了政府为人民服务的宗旨，吻合了各级政府的非经济方面的公共利益诉求。第二，上海市政府与各区政府存在着经济利益之外的某种利益博弈关系。如上海市政府出于环境保护的需要，对某些区的规划偏重于绿色环保，对某些区规划水源地保护，严禁进行大规模工业建设污染。而这与某些区的经济发展诉求产生了利益博弈，这类现象普遍存在于环保、水源保护、耕地保护、民生建设等领域。并且财政权、人事权、税收权等一些权力交织在各级政府权力之中，更加剧了对一些公共事务的利益博弈。

6.2.1.2　行为特征

第一，地方保护主义。各级政府都容易从自身利益最大化的立足点出发，容易受各种利益集团的影响，在制定各种政府政策时，都容易产生行为异化，产生地方保护主义。上海市政府、各级区政府都有两重角色，一方面受上级政府的领导和监督，所有政策必须体现上级意图，另一方面，又是当地各种利益的代表，颁布出台的各种政策必须实现本地利益的最大化。在很多领域，各级政府都面临着这种利益博弈，有些时候甚至出现利益翻转。因此，务必对各级政府的利益诉求有清晰明确的认知，这是实现老年人口与健康资源空间匹配必不可少的重要环节。

第二，政策的有限理性。无论是组织还是个人，在作出决策时并不是完全理性，往往随着因素和条件的变化而发生相应变化，是一种相对理性。特别是博弈参与人在参与博弈过程中，因为占有信息的差异，导致各个参与人都从自身掌握信息最大化的角度采取决策，这甚至不是博弈中的最优决策。在老年人口与健康资源空间匹配过程中，由于不同户籍老年人、不同年龄结构老年人因为个人偏好不同，在选择健康资源时候也会是有限理性，未必能够做出最优选择。

6.2.2　社会力量主体的利益诉求和行为特征

6.2.2.1　利益诉求

上海老年人口与健康资源的空间匹配，除涉及不同层级的政府外，还与医院、企业、社会组织等社会力量密切相关，在推进老年人口与健康资源匹配过程中，各个部门、企业、社会组织等社会力量利益的诉求主要表现在以下几个方面：

第一，自身利益最大化。无论是各个部门还是企业、社会组织等社会力量都追求自身利益最大化的利益诉求，公共服务的均等化，并非是这些社会力量的首要考虑因素。但当政府干预时，则会对这些社会力量产生重要影响，从而产生吻合政府目标，促进社会发展的社会目标。

第二，较高的社会认可度。当前社会越来越关注健康资源和基本公共服务均等化，获得社会效益和社会责任感是社会力量追求的价值目标之一，有些时候甚至高过其经济价值目标。老年人口对于健康资源和服务的需求不断提高，使得社会力量对健康资源和服务的供给的数量、结构、类型和空间布局都有了很大的变化。越来越多的社会力量介入老年健康领域，医院等健康资源供给方，更加注重社会认可度和社会影响力。

第三,吻合政府政策要求。各种社会力量,虽然都有自身利益的诉求,但当政府干预时,都会根据政府政策要求,制定出吻合政府政策的目标和对策。如政府对养老机构、老年护理、健康预防等给予税收政策和财政支持,企业、社会组织等部门会积极对接,承担老年人健康管理的相关职能,成为这些社会力量行动的重要参考。

6.2.2.2 行为特征

在上海老年人口与健康资源空间匹配的进程中,社会力量的相关行为特征主要有以下两种:

一种是"迎合"策略。在政府推进基本健康服务空间均等化的过程中,医院、企业、社会组织等不同社会力量主动对接政府政策需求,提供人才、技术、服务、资源等各种支持,在推进基本健康服务空间均等化过程中,获取政府资源,实现部门的价值和利益,取得较好的经济利益和社会价值。这是当前社会力量的主要行动策略。

另一种是主动或者被动的"规避"策略。在推进基本健康服务空间均等化过程中,会由于成本过高,经济利益较低,某些社会力量采取"规避"策略,免于政府政策的束缚。另外,某些社会力量由于自身原因,在政府政策压力达到一定程度后,通过"规避""退出",减少损失。

6.2.3 人群主体的利益诉求和行为特征

6.2.3.1 人群主体的利益诉求

上海老年人口与健康资源的空间匹配,直接影响上海老年人口的健康水平提高。这里的人群主体,既包括户籍老年人口,也包括外来老年人口,他们在某种程度上有着不同的利益诉求。老年人是基本健康资源空间均等化的直接受益人,其利益诉求能否实现,直接关系到老年人口与健康资源空间匹配目标的达成。

第一,个人趋利诉求。老年人口是上海老年健康资源空间均等化的直接受益群体,其老年人口与健康资源的空间匹配与否对提高上海老年人口整体健康水平,具有重要意义。无论是户籍老年人口还是非户籍老年人口,都迫切需要良好的健康环境资源,高质量的健康医疗资源,实施齐全、水平较高的健康教育资源和健康体育资源。都希望健康资源有较高的可达性,在最短的距离获得较高的健康资源,无论是本地户籍老年人还是外地老年人都存在趋利性,都想实现个人利益最大化。

第二，公益诉求。无论是户籍老年人口还是流动老年人口，都有保护健康资源的公益诉求。特别是老年健康资源中的环境资源等，得到了老年人口各类人群的积极保护，对公共健康设施等都积极保护，对破坏健康资源和设施的违法行为都比较反对，有着较多的公益诉求。

6.2.3.2 行为特征

第一，个体行为理性。老年人口作为健康资源公共服务空间均等化的直接受益者，对老年健康资源有着最强烈的诉求，而个人理性使得公众内部分化，当老年人口与其他年龄人口、户籍老年人口与非户籍老年人口发生矛盾时，个人趋利性会占据上风，往往会舍弃公众利益，追求老年人口利益，追求各自人群的利益。

第二，群体非理性。个体趋利理性达到一定程度会出现群体的非理性行为。在资源总量相对较少时，户籍老年人口为获得更多的老年健康资源，往往排斥非户籍老年人获得当地的老年人健康资源，否定各种健康资源均等化的政策，长期来看这是一种非理性行为，将导致户籍老年人口本身健康水平的提高。

第三，缺乏主动参与的积极性。我国目前采取自上而下的决策方式，使得老年人口在健康资源公共服务空间均等化的过程中存在着强烈的政府依赖症。虽然，老年人口越来越关注老年健康资源的空间配置问题，也会反映某些问题和对策，但整体老年人口参与意识较弱，参与动力不足，参与能力不强，参与机制不畅，需要推进全社会参与老年人参与健康资源公共均等化政策，特别是建立健全老年人群体的参与机制。

6.3 基于利益主体博弈视角匹配不平衡的成因分析

6.3.1 各级政府的利益博弈

6.3.1.1 模型假设和博弈分析

上海市政府和各区、街道乡镇政府在上海老年人口与健康资源的空间匹配过程中，面临如下几种利益关系：上海市政府通过经济和政治的规制方式，干预和影响各区、街道乡镇政府的行为；而各区、乡镇政府在上海确定基本健康资源空间均等化政策后，可以选择积极参与，也可能选择消极参与。为了实现基本健康资源空间均等化的目标，上海市政府可以采取补偿等方式，平衡各区健康资源的优化配置。各区将从自身利益最大化角度出发，出于地方保护主义利益的诱导，会在经济利益和社会利益之间进行反复权衡。在这种情况下，市级政府会通过信息化手段，对区级政府、乡镇街道政府进行监督和管理，约束地方行为。

基于相关博弈理论，各级政府的行动存在先后顺序，并且相互之间不能明确对方采取何种策略，这属于不完全信息静态博弈行为。出于本书研究的需要，将这一博弈简化分析，将上海各级政府之间的博弈假设为一种监督博弈。具体分析如下：

(1)局中人个体分析：市政府 G 和各区政府 Z；假设上海市政府和各区政府在老年人口与健康资源空间匹配过程中是“理性经济人”个体。

(2)策略分析：一般来说，更高行政等级的政府更着眼于整体利益，追求经济利益、社会效益的有机统一，行动策略积极。行政等级相对较低的政府，更容易追求地方利益、眼前利益和经济利益，这就会导致地方保护主义的产生，导致行动策略在吻合其利益发展时积极推动，影响其目标实现时消极应对。上海老年人健康资源空间均等会过程中，市级政府有监督和不监督两种策略，区级政府有积极推动和消极应付两种策略。具体两者的博弈策略组合如表 6－1 所示。

表 6－1　上海市政府和各区政府博弈策略组合

上海市政府	各区政府	
	积极推动	消极应付
监督	(监督，积极推动)	(监督，消极应付)
不监督	(不监督，积极推动)	(不监督，消极应付)

(3)参数假设：基于我国学术界袁冰(2007)等人的相关研究，对以上博弈假设以下参数：区政府实施政策的行政成本为C_L，通过积极贯彻和落实市级政府的政策，会产生正向的积极效益B_L，这种积极效益既包括经济效益也包括非经济效益。经济效益来自老年人口与健康资源匹配目标的实现带来的经济价值，区政府同样受益。非经济效益主要有上级政府对其的肯定和赞誉等政治价值，百姓居民的高度认可等社会价值等。与正向的积极效益相对应的是负面效益，也就是区政府消极应付所产生的负面价值，假设为 P。这种负面价值也是经济价值和非经济价值的统一体，即老年人口与健康资源匹配目标没有达成造成的经济损失和受上级政府处罚造成的荣誉损失等。

为加强对各区政府实施市政府的政策，需要投入人、财、物进行监督和考核，这就是上级政府的行政监督成本，本书假设这一成本为C_G。同样各区政府积极推动市政府老年人口健康资源空间均等化政策，则会让市级政府产生收益B_G，P 则为各区政府消极应付时市级政府对其的处罚。另外，一旦发生区政府消极应付的策略时，市级政府除采取惩罚措施外，也会用税收优惠、财政补贴等方式，推动地方政府贯彻实施其政策意图。本书假设 E 为市级政府为此付出的额外费用，而各区政府因此得到的额外收益为B_L'，这里既包括额外的补贴、税收等经济利益，也包括地方应付上级政府获得非经济收益等。

在此，将上海市政府和各区政府的博弈矩阵用数字化进行转换，如表 6－2 所示。

表 6－2　上海市政府和各区政府博弈矩阵

上海市政府	各区政府	
	积极推动	消极应付
监督	$(-C_G+B_G, -C_L+B_L)$	$(-E+P-C_G, -P)$
不监督	$(B_G, -C_L+B_L)$	$(-E, B_L')$

假设市政府选择监管的概率为 x，不监管的概率为 $1-x$；各区政府选择积极推动的概率为 y，选择消极应付的概率为 $1-y$。

那么，市政府的预期收益函数用 $U(x,1-x)$表示为：

①$U(x,1-x)=x[y(-C_G+B_G)+(1-y)(-E+P-C_G)]+(1-x)[y\times B_G(1-y)\times(-E)]$

各区政府的预期收益函数用 $V(y,1-y)$表示为：

②$V(y,1-y)=y[x(-C_L+B_L)+(1-x)(-C_L+B_L)]+(1-y)[x(-P)+(1-x)B_L']$ 计算市政府预期效益函数①和区政府预期效益函数②式一阶条件的最优化，对 x 求偏导数，如下：

$$\frac{\partial u}{\partial x}=P-Py-C_G$$

令：$\frac{\partial u}{\partial x}=0$，得 $y=1-\frac{C_G}{P}$

即：如果 $y<1-\frac{C_G}{P}$时候，上海市政府可以采取的最佳政策选择是从严监

管；当 $y>1-\frac{C_G}{P}$，听之任之的不监管政策则成为市政府的最佳选择；而当 $y=1-\frac{C_G}{P}$ 时候，市政府的政策呈现随机性，此时的政策选择可以监管也可以不监管。

对 y 求偏导数可得，

$$\frac{\partial u}{\partial y}=(P-B_{L'})x+B_{L'}+B_L-C_L$$

$$\frac{\partial u}{\partial y}=0\text{ 时}, x=\frac{C_L-B_L-B_{L'}}{P-B_{L'}}$$

即：当上海市政府的监管概率小于 $\frac{C_L-B_L-B_{L'}}{P-B_{L'}}$，各区政府的最优选择是消极推动；当上海市政府的监管概率大于 $\frac{C_L-B_L-B_{L'}}{P-B_{L'}}$，各区政府的最优选择是积极推动；当上海市政府的监管概率是 $\frac{C_L-B_L-B_{L'}}{P-B_{L'}}$，各区政府的随机地选择积极推动或消极推动。

6.3.1.2　模型结论

综上，基于相关的博弈理论，本书中的混合纳什均衡是相对可选的政策博弈。此时，上海市政府以 $\frac{C_L-B_L-B_{L'}}{P-B_{L'}}$ 的概率监管，各区政府以 $1-\frac{C_G}{P}$ 的概率推动。因此，可以得出如下结论：

首先，各区的态度政策与上海市政府监督成本 C_G 呈负相关。上海地方政府对上海老年人口健康资源空间均等化政策的策略，是积极推动还是消极应付，与 C_G 呈负相关。C_G 越高，则意味着市级政府投入监督的成本增高，在当前的政府体制下，表现为监督的概率变低，即监管的概率降低；

其次，各区政府消极推动策略 y 与市政府的处罚和补偿 P 成正相关关系。市政府对区政府的处罚和补偿力度 P 越大，各区政府获取的额外收益就增加，从而选择积极推动策略的概率就越大。

综上，不同层级的政府，具有不同的利益诉求，都有追求自身利益最大化的动机，这是上海老年人口与健康资源空间匹配效果不佳的最为重要原因之一。因此政府可通过实施严格的监督政策，降低监督成本，加大处罚力度，给各区政府以更多的政策和经济扶持等，提高基本健康资源的空间均等化。

6.3.2 政府与社会力量的利益博弈

包括医院、企业、社会组织在内的各种部门是上海老年人口与健康资源空间匹配政策的具体执行者，社会力量对不同的政策偏好会导致不同的策略，进而影响上海老年人口与健康资源空间匹配的政策成效。因此，通过分析政府与社会力量之间的博弈条件，对上海老年人口与健康资源的空间匹配效果的实现具有重要的价值和意义。

6.3.2.1 模型假设和参数分析

(1)局中人个体分析：包括企业、社会组织、事业单位在内的各种社会力量和各级政府；假设社会力量在老年人口健康资源空间均等化的过程中都是“理性经济人”。

(2)策略分析：在推进上海老年人口与健康资源空间匹配的进程中，社会力量会根据个体的利益选择积极执行和消极应付两种策略。政府选择支持和不支持两种策略，如表6-3所示。

表6-3 政府和社会力量博弈策略组合

各部门	政府	
	支持	不支持
积极执行	(积极执行，支持)	(积极执行，不支持)
消极应付	(消极应付，支持)	(消极应付，不支持)

(3)参数假设：假设社会力量贯彻执行政府政策，选择积极执行策略，则其需要支付成本为C_E；若政府和社会力量达成共识，支持、鼓励社会力量积极执行，需要支付包括经济和社会成本在内的总成本C_L。社会力量积极执行则获得收益R，这里的收益既有经济收益也有非经济收益，并且产生双赢效果，政府因此也获得了相应收益，假设为B。相反，如果社会力量选择消极应付策略，此时政府会采取惩罚策略，假设为P，这里处罚既包括经济处罚也有非经济处罚。若政府和社会力量没有达成共识，不支持社会力量的相关策略，社会力量积极执行的行为会减少收益H，消极应付会受到政府的处罚F。构建政府与社会力量的博弈支付矩阵如表6-4所示。

表 6-4 政府和社会力量之间的博弈矩阵

社会力量	政府	
	支持	不支持
积极执行	$-C_E+R,-C_L+B$	$-C_E,-H$
消极应付	$-P,-C_L$	$-F,0$

研究上述矩阵，影响社会力量和政策策略的关键在于$R+P$和C_E大小。当$R+P>C_E$时，社会力量选择积极执行，当$R+P<C_E$时，社会力量选择消极应付。实际上，当政府选择支持策略时，社会力量采取相应的执行收益和消极应付的惩罚都远大于政府行政执行的成本，其结果基本可以预测，社会力量一般会选择积极执行策略。相反，当政府选择不支持策略时，社会力量的策略对应取决于F和C_E的大小，当$F>C_E$时社会力量选择积极执行，当$F<C_E$时，社会力量选择消极应付。

6.3.2.2 模型结论

综上，当政府给予支持策略时，社会力量一般会选择积极执行各项健康资源空间均等化政策。然而，当政府出于地方利益和官员利益选择不支持的策略时，社会力量是否积极执行取决于社会力量积极执行的成本C_E和政府部门的赞誉G和消极应付的处罚F，当政府赞誉大于执行的成本时，社会力量选择积极执行，相反，则会消极应付。

包括企业、医院、社会组织等社会力量主体，在推进老年人口与健康资源空间匹配的过程中，经常会优先考虑自己利益最大化，选择通过规避措施，降低成本。因此，政府要一方面加强监督和检查，另一方面要提供各种扶持政策，鼓励社会力量的参与。

6.3.3 不同人群的利益博弈

户籍老年人口与非户籍老年人口是老年人口健康资源空间均等化的受益人群，但两个人群对优质健康资源存在一定的竞争关系，存在不同的选择策略，进而影响上海老年人口与健康资源空间匹配进程的实现。

6.3.3.1 模型假设和参数分析

(1)局中人个体分析：户籍老年人口和非户籍老年人口；假设各参与主体在老年人口与健康资源空间匹配过程中都是“理性经济人”。

(2)策略分析:在老年人口与健康资源匹配过程中,户籍老年人口根据自己利益最大化原则有拥护和反对两种策略。非户籍老年人口可以选择积极支持和不支持策略,如表 6 - 5 所示。

表 6 - 5　户籍老年人口和非户籍老年人口博弈策略组合

户籍老年人口	非户籍老年人口	
	支持	不支持
拥护	(拥护,支持)	(拥护,不支持)
反对	(反对,支持)	(反对,不支持)

(3)参数假设:假设户籍老年人口拥护健康资源空间均等化政策,因总资源有限,资源配置从市区向郊区扩散,户籍老年人口收益下降C_E,而同期非户籍老年人口收益上升C_E;户籍老年人口如采取反对策略,资源配置仍按照传统户籍人口配置方式配置,则其收益上升C_L,而非户籍老年人口如支持健康资源空间均等化,收益仍上升C_E;如户籍老年人口拥护均等化政策则其获益下降C_E,而非户籍老年人口获益不变;户籍老年人口反对均等化政策则其收益上升C_L,非户籍老年人口不支持这一政策,收益不变。

构建户籍老年人口与非户籍老年人口的博弈支付矩阵如表 6 - 6 所示。

表 6 - 6　户籍老年人口和非户籍老年人口之间的博弈矩阵

户籍老年人口	非户籍老年人口	
	支持	不支持
拥护	下降C_E,上升C_E	下降C_E,不变 0
反对	上升C_L,上升C_E	上升C_L,不变 0

由上述矩阵可知,对户籍老年人口而言,反对健康资源空间均等化,其收益都上升C_E,拥护这一政策时,收益都下降C_E,所以户籍老年人口优先选择反对策略;而对非户籍老年人口而言,支持健康资源空间均等化,获益上升C_E,不支持这一政策,保持现状不变,所有优先选择支持这一策略。综上,户籍老年人口反对,非户籍老年人口支持,收益都上升,是最优政策选择。

6.3.3.2　模型结论

综上,上海老年人口与健康资源空间匹配推进顺利与否,与户籍老年人口的收益有重大影响。户籍老年人口反对这一政策，而非户籍老年人口赞成这一政策，是两种人群博弈的最优选择，这也是为什么当前健康资源空间均等化难的问题症结所在。

这一模型结论提示我们，在不减少户籍老年人口收益的情况下，推进健康资源的空间均等化则容易成功。户籍老年人口更多的占用“存量”资源，对“存量”资源的再利用相对较难，而对新增健康资源，则应该考虑非户籍老年人口，实现健康资源空间均等化，这有利于实现效用最大化。

6.4 本章小结

本章主要研究老年人口与健康资源空间匹配不平衡的成因问题。主要是从匹配不平衡的表现、利益主体的行为特征和利益诉求分析、利益主体的博弈分析三个纬度进行详细分析。

首先，从空间经济学的视角，对空间匹配不平衡的现象进行了描述。从“量”和“质”两个角度，对上海老年人口与健康资源空间匹配的实践不平衡现象进行了分析。其中“量”主要体现在规模、数量、分布等方面，“质”主要体现在权益、机会、公平等更深层次方面。

其次，对各级政府、不同社会力量主体、不同人群三大利益主体的行为特征和利益诉求进行了详细分析。三大利益主体都有自己的行为特征和利益诉求，都会从利益最大化的角度获取各种资源，由此导致了老年人口与健康资源空间匹配总体目标难以实现。

最后，运用博弈论方法，对三大利益主体的博弈行为进行了成因分析。研究发现，上海老年人口与健康资源的空间匹配不平衡，既有原来城市发展的历史惯性和累积的因素，更是市场背景下各个利益主体博弈的结果。各利益主体都有自身利益最大化的考虑，如政府的政绩、财政税收导向，社会力量主体的市场经济利益导向，户籍与非户籍老年人口的福利利益导向等，因此一方面需要加强监管和处罚，另一方面加大政策和经济的扶持力度，从而实现上海老年人口与健康资源空间匹配的目标。

第7章 老年人口与健康资源空间匹配的实践路径

在深入探究老年人口与健康资源空间匹配不平衡的内在原因，梳理不同主体行为和利益关系的基础上，构建老年人口与健康资源空间匹配的实践路径和策略就成为下一步的研究内容。而这一路径构建的指导思想是什么？老年人口与健康资源空间匹配的目标定位是什么？如何处理好不同利益主体的诉求，实现合作共赢？这些都是完善老年人口与健康资源空间匹配实践路径和策略，需要考虑的重要内容。

7.1 空间匹配路径构建的原则

7.1.1 以"质""量"均等作为政策考虑的首要目标

数量匹配是当前人口分布与公共服务资源匹配的一个基本原则，这种分配标准着眼于满足人的基本需要，受制于当前政府行政管理的层级和部门利益弊端，较少考虑健康资源的区位安排和空间绩效，更难以考虑到不同老年群体对健康资源的差异化需求。这种传统公共资源配置方式与居民新时代的新需求产生了矛盾，在居民对美好生活需求更为多元化、差异化的今天，健康资源等公共资源的供给要更考虑"质"，即不同年龄、不同地区、不同收入水平的老年人群获得高质量的老年健康资源。

因此，在探究人口分布和健康资源等公共资源匹配时，需要考虑"质"，以健康资源配置的可达性、健康资源满足不同阶层老年人口的需求、权利、机会，老年人口分布与健康资源的动态匹配等方面，作为政策考虑的首要目标，从而使老年人健康资源可达性更高，老年人口与健康资源的空间配置更有效率。

7.1.2 以公平与效率的合理协调为中心

包括老年人健康资源在内的公共资源的优化配置，需要深刻的思考公平与效率的辩证关系。两者相互依存，不可分割。都不能忽视和强调任何一方，公平是效率的目标，效率是实现公平的手段。因此，在新时代，老年人口与健康资源的空间匹配应以公平与效率的合理协调为中心。

一方面，老年人健康资源属于社会公共资源，具有公共物品的基本属性和特征，因此在老年人健康资源配置过程中，必须考虑其空间覆盖面，以均等化为资源优化配置的总目标；另一方面，在老年人健康资源有限的情况下，要讲究资源优化配置的规模效应，发挥区域老年人健康资源效用的最大化，从而提高老年人健康资源优化配置的效率。

综上，上海老年人口与健康资源的空间匹配，应以效率为导向的宏观资源配置，以公平为导向的微观资源配置，如在市级平台上要将有限的老年人健康资源空间上发挥效用最大化，在居民区要以公平为标准，满足不同老年人的健康需求，从而实现公平与效率的合理协调。

7.2 空间匹配的政策目标设计

人地关系是学术界长期以来研究的重心和热点。近年来，党和国家也越来越重视人口和资源的关系问题，其中基于人口特征的公共资源优化配置成为日益关注的重要问题。随着政府职能的转变，我国老年人口健康资源等公共资源配置正在从“政府供给”型到“居民需求型”过渡和转变。市场产品可以借助经济规律进行供需调节，而老年人健康资源等公共资源更多的依赖政府供给，但人口老龄化社会的紧迫要求，必须充分考虑老年人口的空间分布情况，实现老年人口需求的空间分布与健康资源空间供给的动态一致，从而达到老年人口需求的最大满足和健康资源空间供给效用最大化的目标。

7.2.1 建立健全老年人口需求表达机制

当前老年人口参与健康资源配置的意愿相对较弱，政府在进行老年人健康资源等公共资源配置时往往重视“量”，很少重视“质”，如不同老年人的健康需求，尤其是非户籍老年人口的健康诉求，使老年人口无法成为促进城市公共资源空间公平配置的积极力量。要建立健全社区老龄健康服务的投诉反馈渠道。老年人是社会供给健康服务的最终服务对象，要畅通老年人健康服务意见的表达反馈渠道。可以与健康服务提供机构进行沟通协商，如协商不好可向有关部门举报。

可从两个方面来实现这一目标，一方面，需要不断提高老年人的参与意识和能力。特别是非户籍老年人口的社会参与意识和能力，相比户籍老年人，非户籍老年人参与意识和能力相对薄弱。另一方面，政府应构建包括老年人口在内的公众议事制度，在规划各类老年人口健康资源配置及设施安排时，应该将老年人口的意愿和需求纳入政府规划，特别是老年人口的差异化健康需求要进行充分考虑。

综上，基于老年人口的差异化需求，建立健全老年人口的需求表达机制，从而真正实现老年人口与健康资源的空间匹配。

7.2.2 建立多方主体参与的利益主体博弈解决机制

当前在老年人口与健康资源匹配过程中，存在着不同主体的利益博弈，这严重影响了老年人口与健康资源匹配目标的实现。在构建匹配的实践路径设计中，必须要进行制度设计，确保多方主体共同参与利益主体博弈的解决。

解决不同利益主体的诉求，单靠政府这一单一主体，由于政府的能力和财力的限制，不能满足不同利益主体的诉求，已经影响了老年人口健康资源优化配置目标的实现。另一方面，企业、社会组织等各类社会力量资源丰富，由于政府政策、参与机制、参与能力等原因，当前未能在老年人口健康资源空间配置中发挥更大作用。

因此，在人口老龄化日益加剧的背景下，需要积极培育社会组织、企业、家庭等多方主体力量，公共参与老年人口与健康资源空间匹配问题的解决。如建立健全多方主体参与的解决机制，切实做好各类重大事项的居民议事会、听证会制度；对老年人口反馈的重大诉求和关切，政府部门牵头，社会力量参与，切实做好决策加以解决和反馈。

7.2.3 明确政府在老年人健康资源供给上的差异化定位

政府在老年人健康资源供给上应与社会力量等主体形成差异化搭配，企业产品遵循市场化配置，市场是资源供给的主体，而老年人健康资源等公共资源与市场产品相比，缺少市场利润，市场不愿意供给，政府应成为老年人健康资源等公共资源的供给主体。为提高老龄健康资源的供给效率，要进一步转变政府职能,明确其在法律和制度体系方面的责任与功能,从而更好地引导和支持社会力量参与社区老龄健康资源的供给。

完善老年人健康资源供给的法律体系,实现社会力量参与有法可依、有章可循,是推进老龄健康资源供给社会化的前提。法律先行已经成为美国、日本、英国、韩国等世界发达国家的共识,并根据国情的变化,不断修订和完善。相对于国外,我国养老服务、老龄健康资源特别是社会力量参与方面的法律、法规和制度等尚不健全。缺少全国性的鼓励社会力量参与社区老龄人口健康资源的法律和制度,现有的制度主要是以职能部门发布的部门规章为主。为了更好地推进社区老龄人口健康资源的社会化,鼓励社会力量积极参与老龄人口健康服务,建立健全法律体系,已经成为亟待解决的重要问题。社会力量有着各自不同的资源禀赋和功能特征,在社区老龄人口健康资源的多样化供给中发挥着重要作用。将社会力量当做政府的附属,忽视其独立性的社会现象还时有发生,这会严重影响社会力量参与的积极性和参与效果。因此急需出台专门的法律法规,明确社会力量的功能地位,使得社会力量参与社区老龄人口健康服务在法制化程序框架内有序参与。另外,要建立健全社会力量参与社区老龄人口健康资源、服务的政策制度体系。除加快与社区老龄健康资源紧密相关的税收政策、财政支持政策等制度之外,还需要加强对现有政策、法规和制度的执行,确保现有政策落实到位。

健全资金支持的制度体系。除从制度上建立健全社区老龄健康资源的资金投资主体之外,将社区老龄健康资源发展纳入政府财政预算,稳定政府财政投资渠道,确保其可持续发展。政府通过社区老龄健康资源外包,进行财政的转移支付,为社区老龄健康资源的发展提供财政支持。另外可以积极探索根据社会力量的参与程度、参与社区老龄健康资源的内容等差异,给予直接的激励或者间接的补贴,如税收优惠等。

虽然政府在老年人健康资源供给的过程中,应该承担主体责任。但社会力量等不同主体,可以参与老年人不同类型的健康资源供给。如市场主体主办的健康护理机构、养老机构,社会力量参与的健康预防、健康干预等老年人健康服务等。

综上,政府应承担老年人健康资源供给的主体责任,但供给内容和结构可以分层设计,供给方式可以多元化,社会力量可以积极介入。

7.3　空间匹配路径的构建

7.3.1　加强老年人口分布趋势的科学预测

人口分布及其变化趋势，是公共设施和资源精准配置的前提和基础，在公共设施和资源配置时，需要结合人口因素进行系统设计和考虑。政府在老年人健康资源配置时，要结合老年人口数量、结构和分布等老年人口特征，进行精细化施策。其中本书以老年人口分布为核心指标，要进行科学合理分析、预测，为老年人健康资源规划，提供科学的决策依据。

上海老年人口分布呈现“圈层”结构特征，中心城区高度集聚，郊区人口分布较少。以交通为界，呈现内环老年人口密集、外环以外老年人口稀少的空间结构。城市中心区的过度集聚，不利于中心城区老年人口享受老年健康服务，而郊区老年人健康资源的稀少，又使得郊区老年人获得健康资源的可达性较低。针对这一老年人口分布现状，政府需要进行合理的人口规划和引导，通过老年人健康资源的空间配置，合理引导老年人口向郊区流动，这对城市空间发展具有重要价值和意义。

老年人口与健康资源的空间匹配，是应对人口老龄化，实现积极老龄化和健康中国战略的重要实践。在上海具体实施过程中，可以利用郊区健康环境资源等有利条件，通过建设新城区的方式，配置优质老年人健康资源，吸引老年人口向郊区迁移。要对老年人口的分布和发展趋势进行精确预测，实现人口统计部门、政府规划部门、老龄事业管理部门的联动机制，从而实现老年人口与健康资源的动态匹配。

7.3.2　构建基于老年人口特征的健康资源空间配置模式

在老年人健康资源空间配置的过程中，要基于老年人年龄、户籍、区域等采取差异化的政策和措施，从而实现老年人健康资源空间配置效用的最大化。

7.3.2.1　探索构建基于常住老年人口的老年人健康资源配置模式

由于我国特有的城乡二元结构的历史原因，长期以来区域公共资源的优化配置是按照户籍来配置，这在人口流动不多的社会是可以的，但随着人口流动的加剧，以户籍为基础的公共资源配置模式已经难以满足社会发展的需要，越来越成为经济社会发展的瓶颈问题。当前国家在大力推进基本公共服务均等化政策，包括计划生育、健康预防等公共服务已经实现了按常住人口来配置。但在一些与老年人口健康密切相关的领域，如老年体检、老年护理、养老床位等，仍然没有实现均等化配置。

虽然在政策上实现按常住老年人口进行老年人健康资源优化配置已经没有障碍，但局限于公共财政和老年人健康资源的有限性，将所有资源在很短时间内覆盖到包括外来流动老年人口的全体老年，也很难实现。比较恰当的方式是采取循序渐进的方法。首先整合各类“存量”资源。将当前户籍老年人口利用较少，存在闲置状态的健康资源，向非户籍老年人口开放。如老年健康资源、老年教育资源、老年体育资源等。其次，合理规划“增量”资源。对新老年人健康资源的规划配置，要将流动老年人口考虑在内，适当向常住老年人口集聚的区域倾斜，从而覆盖更多的老年人口，实现老年人健康资源的效用最大化。

7.3.2.2　完善最佳服务半径为原则的老年人健康资源配置模式

公共资源的配置，传统方法是以区域内的总人口为基数，在此基础上考虑各类公共设施和资源的配置，操作方法简单、快速，但其缺点在于精细化程度不够。在人口流动不频繁的时候，这种配置方法没有太大问题。但面对今天日益加剧的人口流动现状，传统资源配置方法已经难以适应社会的需求，特别是在上海，老年人口的人户分离现象加剧，迫切需要对传统的公共资源配置方法进行改进。

按最佳服务半径为原则的资源配置模式，是当前公共服务领域应用日益频繁的方法之一。其基本思想在于强调资源的配置要按照公共设施和资源的服务半径来配置，提高公共设施和资源的空间可达性。由于老年人的生理特征，老年人健康资源按照服务半径进行配置更为必要，这样可以有利于老年人健康资源的空间可达性，有利于老年人提高健康资源使用的体验和幸福感。特别是当前三甲医院等优质医疗资源更多分布在中心城区，郊区虽有其分院但优质资源仍显薄弱，急需在老年人口分布集中地区新增各种健康资源，促进老年人口健康水平的提高。

7.3.3　构建社会力量参与的不同利益主体利益协调机制

根据老年人口与健康资源空间匹配不平衡的原因分析，可以发现不同利益主体存在利益冲突和行为博弈，从而难以实现整体利益最大化的协调状态。因此需要采取措施，完善各个主体的利益协调体系，最大限度地保护政府、企业、社会组织、老年人等各方利益主体的利益，从而达到博弈均衡，实现利益主体的利益共享，实现整体利益的最大化。

7.3.3.1 完善政府的利益协调管理机制

现行老年人口与健康资源的匹配管理困境在于，政策制度不完善，政府监管成本较大，监督考核和激励补偿机制存在局限性。当前上海市政府作为老年人健康资源宏观配置的指挥者，各区地方政府则是具体实施者，两者之间存在着行为博弈，其根源主要在于各区政府追求经济利益和官员政治利益的诉求。行为博弈的结果取决于上海市政府的监管成本的大小。因此，可以通过加大处罚力度和奖励力度来调动地方的积极性。

加大相关政策法规的制度建设，确保实施有法可依。统筹应对各个利益主体的利益和行为诉求，完善的制度法规建设是基础条件。政府要制定各类确保老年人健康资源优化配置的政策制度，实施相应的考核机制和激励补偿机制，来规避地方政府趋利的利益选择，从而协调各方利益主体的利益，实现整体利益的最大化。

7.3.3.2 加大社会力量参与的管理体系

鼓励包括企业、社会组织、个人等主体在内的社会力量积极参与老年人健康资源的供给与服务，是党和国家积极应对人口老龄化，构建全社会参与老年服务的重要举措。社会力量的积极参与，可以弥补政府在老年人健康资源管理服务方面很多不足，有利于提高整个社会应对人口老龄化的能力。

社会力量作为参与主体之一，也是利益博弈的主体，其行为诉求包含着利益取舍。如企业作为老年人健康资源的供给和服务主体，其经济利益的诉求与政府社会效益的诉求存在着博弈。经济收益是企业作为市场主体唯一的目标，因此需要政府对其进行合理的管理，实现企业经济收益和社会效益的和谐统一。

强化对参与社区老年人口健康资源社会组织的培育力度。长期以来“大政府、小社会”的社会结构，不利于社会组织的培育和发展。为解决社会组织发育不足和专业化程度不高等瓶颈问题，要不断强化培育力度，让社会组织在参与社区老龄人口健康服务中发展壮大，发挥积极作用。另外，完善对参与社区老龄健康资源市场组织的激励扶持。市场组织参与社区老龄健康资源的供给，能够充分发挥其竞争优势、成本效率优势等，弥补社区老龄健康资源的“政府失灵”和“社会失灵”，提高供给的效率和质量。市场组织在提高社区老龄健康资源供给效率的同时，也带来了一定的问题。如在老年健康资源市场上，市场组织社会责任感较弱，基于市场原则的逐利行为会促使其将更多资源投向营利较大的服务，营利相对较弱的服务项目陷入无人投资甚至停止服务的尴尬境地；老龄健康资源产品质量有以次充好，以各种理由欺骗老年人权益等问题也屡有发生。另外，市场组织的社会捐赠力度与国外相比较弱，因此需要加强对市场组织的激励和引导，从而更好地参与社区老龄人口健康资源供给。

加强对社会力量的检查、评估和监督，能够让社会力量各个主体在法律法规的框架下有序参与，有利于其提高社区老龄人口健康服务质量。政府对社会力量参与社区老龄健康服务，除常规的准入机制和过程监控外，还需要不定期进行监督检查。对于参与不规范、参与效果较差的社会力量，根据评估的结果进行整改或撤销。在老龄健康服务业的行业标准和行业规范制定过程中，除政府参与外，要积极引入第三方社会评价，共同进行老年服务需求评估和社会力量参与效能评价，在此基础上老龄健康服务才能在规范有序中持续开展。

7.3.3.3 构建不同利益主体的协调机制

包含户籍老年人口、流动老年人口在内的公众利益主体之间存在着利益博弈。公众利益处于个人利益的不同行为诉求，参与老年人健康资源优化配置的积极性也存在较大差异。

保障包括流动老年人口、户籍老年人口在内的各类公众的参与权利，完善其参与机制和能力，可以加大公众对政府政策行为的监督，提高老年人健康资源配置决策的科学性和民主性。当前，老年人健康资源配置存在着公众参与不积极，参与能力不足等问题。户籍老年人口与流动老年人口相对，参与较多，但仍显不够。要不断完善和建立居民议事会、听证会、理事会等制度，构建老年人口参与老年人健康资源配置的长效机制。

打破部门壁垒，加强沟通和交流，实现资源整合，是当前实现社区老龄人口健康资源供需匹配的关键。社区老龄人口健康资源的供给是一个系统工程，涉及多个主体、多个部门、多个流程，需要建立多部门联动的协调机制，减少内耗，实现社区老龄人口健康资源的协同供给。在政府部门内部，需要协调不同职能部门如民政部门、税务部门、人力资源与社会保障等多个机构，实现不同部门的协同和配合，提供社区老龄健康资源的供给效率。

要构建多个部门联动的协调机制，首先要明确界定社区老龄健康资源的双重属性。从法律或制度上开展顶层设计，概括和归纳社区老龄健康资源的准公共产品特征，正确区分其市场营利属性和公益属性的内容划分。第二，明确各个部门的职能要求和权责划分。明晰社区老龄健康资源中各个职能部门的权责，才能避免推诿和扯皮等现象的产生，各个部门为社区老龄健康资源的协同机制构建提供政策和保障支持。第三，通过信息化手段，构建各部门沟通协作的平台。以“一网通办”等政府信息化平台为支撑，实现各个部门政务的一站式办理，消除社区老龄健康资源的制度隔阂和部门障碍，也便于各个部门沟通、监督和反馈。

7.4 本章小结

本章为老年人口与健康资源的空间匹配路径研究。本书从空间匹配路径构建的原则、空间匹配机制构建的目标、空间匹配的具体措施三个维度进行了研究。

首先，对空间匹配机制的原则进行深入的思考，对“质”“量”匹配、公平和效率等问题进行深入分析，这是匹配路径构建的指导思想。

其次，空间匹配机制构建要基于老年人口需求的健康资源配置为目标定位，综合考虑各种利益主体。明确政府在公共资源供给上的定位和角色，建立健全老年人口需求表达机制，建立多方主体参与的利益博弈解决机制等。

最后，掌握老年人口特征及分布情况，是进行健康资源配置的前提。提出加强老年人口分布趋势预测、构建基于老年人口特征的资源配置模式和健全各利益主体之间的利益协调机制等方面提出路径解决的政策设计与思考。

第8章　研究结论、启示与展望

老年人口与健康资源空间匹配问题是具有重要现实意义的研究问题，相关研究可追溯到经济学、社会学、管理学等多个学科。本书基于人口地理学和空间经济学等学科，对老年人口与健康资源空间匹配的“量”“质”进行研究，围绕以下三个方面，进行了深入研究：①综合运用人口老龄化、健康地理学、空间经济学、博弈论等理论探讨了老年人口与健康资源空间匹配的必要性，对空间匹配的价值取向和形成机理进行深入探究；②利用 GIS 等人口地理分析方法，利用统计年鉴数据和上海微观数据，构建可达性分析模型，对上海老年人口与健康资源空间匹配进行了详细分析；③从静态和动态两个角度，构建老年人口与健康资源空间匹配度模型，进行了计算和模拟预测。本书形成的相关的研究结论，得出了一系列的政策启示，并对下一步的研究工作，提出了研究展望，具体内容如下：

8.1　研究结论

8.1.1　老年人口与健康资源空间匹配的本质是，需求与供给的空间匹配关系

本书的题目为上海老年人口与健康资源的空间匹配研究，而需求与供给的空间匹配关系即老年人口健康需求的差异化与健康资源的供给标准化之间的匹配关系，是本书研究的本质。

数量规模、结构类型、空间分布等是当前学术界关于供需匹配研究的主要维度，空间匹配是本书研究的切入点。掌握老年人口的空间分布规律，进而掌握老年人口健康需求的空间分布规律，是实施精准老年服务的基本前提。在掌握老

年人口健康需求空间分布规律的基础上,整合全社会老年健康资源,实现空间供给的最优化,实现效率的最大化。这是对长期以来从政治、经济、社会制度等主流分析公共福利资源配置的有益补充,将空间结构作为内生变量,用于老年人口健康资源的优化配置,具有重要的时代价值和意义。

8.1.2 空间匹配动态性,是老年人口与健康资源空间匹配的重要属性

当前,老年人口健康资源的配置存在着不平衡不充分之间的矛盾。老年人口健康资源的供给难以满足老年人口日益增长的健康需求,特别是在老年人口与健康资源空间上"量"和"质"的动态不匹配。

老年人口与健康资源的空间匹配首先考虑是"量"的问题。老年人口在各个区域存在空间分布和集聚,而相应区域的老年健康资源的数量并没有实现同步匹配。如市区老年人口众多而护理床位反而稀少,出现了"一床难求"就是最好的例子。其次,老年人口与健康资源的空间匹配更是"质"的问题。如优质医疗资源的空间供给与需求之间的矛盾,在很多地方都普遍存在。

另外,匹配有静态和动态两种,而动态匹配是其中最难也是最重要的关键因素。老年人口分布是不断变化的,老年人口健康需求的分布就随之动态地改变,这就要求老年人口健康资源的空间配置必须动态调整。特别是对"增量"老年人口资源的配置,需要优先考虑动态变化的老年人口空间需求,特别是郊区老年人口的健康需求,在供给上也要实现动态调整。本书深入研究了空间匹配关系的动态性。

8.1.3 上海老年人口健康资源空间可达性不高

人口地理学领域中的空间可达性测算是评价公共服务设施和资源的重要指标之一,包含了距离的可达性和机会的可获得性,既包括距离、数量等"量"的测算,也是机会、权利等"质"的分析。

本书采用第六次人口普查统计数据,从上海市卫生与计划生育委员会、上海市绿化管理局、上海市民政局、上海市老龄委获取了上海市医疗机构地图、上海市公园地图、上海老年大学地图以及上海各区的地图,利用 GIS 软件将所需要的数据配置到地图中,建立全面的上海老年人口综合信息数据库。采集和整理上海 164 家公园数据,将公园面积作为健康环境资源供给能力的主要考核指标。选取上海市医疗机构作为健康服务资源的替代指标,包括上海三级、二级及社区医院在内共 438 家医疗机构,医院床位数作为其资源供给能力的指标。对 618

家各类养老机构数据进行整理和分析，对4所市级大学和140所各级老年大学的招生数进行梳理，老年大学的招生数作为其资源供给的考核指标。在测算老年人口居住点和健康资源设施之间的距离阈值，也称为搜索半径时，取各街道（乡镇）老年人口居住点到最近的健康资源设施的平均值来进行计算。

根据可达性基本原理，可达性系数越高，资源的可达性效果越好。基于平均可达距离测算的可达性系数能够较好地反映这一资源的可达性效果。经过本书测算，健康环境资源的平均可达距离为27.096公里、健康优质医疗资源的平均可达距离为26.7954公里、健康社会资源的平均可达距离为28.5446公里，上海老年人口获取各类健康资源的空间可达性较差。其中以三甲医院等为代表的优质医疗资源的平均可达距离为30.758公里，其空间可达性比一般医疗资源可达性更低。高方案时，虽然可达性系数较高，可达性较好，但平均可达距离太远，不符合人们现实中老年人口健康资源选择的逻辑。

8.1.4 上海老年人口与健康资源空间匹配度较差，但呈现良好的发展趋势

上海老年人口与健康资源空间匹配的测度是本书研究的核心问题之一，基于层次分析法、匹配度测算法、灰色理论预测方法等对上海老年人口与健康资源空间匹配情况进行了测算和预测，当前匹配是不平衡状态，但预测趋势良好。

对2011—2015年匹配系数进行分析，显示上海老年人口发展指数成缓慢上涨态势，这与上海总体人口的结构和空间分布相对吻合，郊区化的政策效应开始显现。而老年人口健康资源综合指数呈现小幅下滑态势，这与当前资源配置的现状基本吻合，受制于政策、户籍、历史原因等方面限制，健康资源空间配置效率不高。由此导致上海老年人口与健康资源空间匹配度指数呈现总体上升态势，由最早的极度失调，到现在受上海实施基本公共服务均等化政策影响，资源配置和人口变动开始联动，到2015年实现勉强匹配，但濒临失调。

从2016年到2020年预测数据来看，老年人口健康资源综合指数呈现平稳态势，而老年人口发展指数呈现上升趋势，表明老年人口分布趋向于合理，老年人口与健康资源的空间匹配指数D，在2020年约为0.8，基本达到良好匹配区间，表明上海老年人口分布与健康资源空间匹配趋向良好。

8.1.5 不同利益主体的利益博弈是老年人口与健康资源空间匹配不平衡的主要原因

老年人口与健康资源空间匹配的不平衡既有理念、制度和政策的原因，更是不同利益主体利益博弈的结果。在实现上海老年人口与健康资源空间匹配的过程中，涉及政府、社会力量、老年群体等多种利益主体，利益主体追求利益最大化的特征，使得不同利益主体之间存在着利益博弈，相互影响、相互制约、相互作用，共同影响上海老年人口与健康资源空间匹配整体目标实现和资源有效配置。

综合分析上海老年人口与健康资源空间匹配的利益相关方主要包括上海市政府、各区、街道乡镇等各级政府在内的政府主体；包括城市绿化部门、环保部门、医疗卫生部门、教育部门、体育部门等在内的各部门主体；包括户籍老年人口、非户籍老年人口在内的不同人群主体。各种利益主体都追求各自利益最大化，进而产生利益冲突，造成了上海老年人口与健康资源空间匹配的不平衡。上海市政府应加强监督和处罚力度，并提供充分的政策和经济支持，鼓励各级区政府和各部门积极推进上海老年人口与健康资源的空间匹配政策。另外，要尽量在不减少户籍老年人口收益的情况下，推进老年人口健康资源的空间均等化。新增健康资源更多地向非户籍老年人口倾斜，有利于实现老年人口健康资源效用的最大化。

8.2 政策启示

8.2.1 推进以“量”“质”为标准的老年人口与健康资源空间匹配

数量均等是目前健康资源等公共资源和服务空间分布均衡的一个普遍原则，这种分配标准着眼于满足人的基本需要，受制于当前政府行政管理的层级和部门利益弊端，不考虑健康资源的区位安排和空间绩效，更不会考虑不同社会群体对健康资源等公共资源的需求差异。在这样传统的公共资源配置模式下，不同城市区位、不同社会阶层的居民无法获得相同质量的健康资源。因此，在探究人口分布和健康资源等公共资源匹配时，需要考虑“质”，以健康资源配置的可达性、健康资源满足不同阶层老年人口的需求、权利、机会，老年人口分布与健康资源的动态匹配等方面，作为政策考虑的首要目标，从而使老年人口分布与健康资源的空间配置更有效率。

8.2.2 实现由供给导向到需求导向的老年人口健康资源空间配置模式转变

实现老年人口与健康资源空间匹配，要由“政府供给型”过渡到“老年人口需求导向型”。首先，建立健全老年人口需求表达机制，增强老年人口的权利意识和参与能力，抑制公共资源空间配置过程中的阶级歧视，真正实现城市公共资源空间公平。其次，建立多方主体参与的老年人口需求解决机制。切实做好各类重大事项的居民议事会、听证会制度；对老年人口反馈的重大诉求和关切，政府部门牵头，社会力量参与，切实做好决策加以解决和反馈。

8.2.3 构建老年人口与健康资源动态匹配的空间资源配置模式

首先，加强老年人口“存量”分布趋势的科学预测。老年人口的变动及其分布趋势是健康资源布局和规划的基础，政府部门可和人口老龄委等部门建立相关数据平台，加强对老年人口发展趋势的监测，对老年人口的变化趋势做出科学的预测，为老年人口健康资源的配置提供决策依据。其次，合理引导“增量”老年人口的迁移与分布。通过城市规划合理引导城市老年人口、外来流动老年人口有序迁移与分布，重新构筑城市老年人口分布的空间结构对于实现公共健康资源空间公平发展具有重要意义。最后，完善基于老年人口分布特征的差异化健康资源配置模式，构建资源共享机制，提高资源利用效率。

8.2.4 建立政府主导社会力量参与的利益协调机制

在老年人口健康资源优化配置的过程中，涉及不同的利益主体，各个利益主体之间存在着利益博弈行为，而利益协调机制的缺位，造成老年人口与健康资源空间匹配总目标的实现。

首先要加强政府在公共资源配置过程中的主导地位。公共资源由于其特有的公共属性，政府必须在资源的优化配置中，制定利益规则，确定利益协调机制，搭建利益共享平台和监督机制。居民个体、社会组织、企业等各种社会资源，积极参与老年人口健康资源的供给、分配等过程，在资源供给的范围、内容、空间分布等方面加强沟通协作，实现各个参与主体获取利益的最大化。在这一过程中，搭建政府主导社会力量参与的利益协调平台凸显其价值和意义。

8.3 研究展望

对人口和资源匹配的核心问题，不同的学科都进行了不同的思考和研究。本书从空间的视角，利用“量”“质”匹配的框架进行了理论探究和实践验证。受数据、条件、知识等限制，本书在以下两个方面，在后续研究中需要推进：

8.3.1 进一步完善老年人口与健康资源的空间匹配度模型

虽然可达性测量能够反映老年人口健康资源的空间配置情况，但模型条件过于严格，对道路条件、地图测量数据等要求较高，虽然本书在借鉴结合Hanson(1986)、Geurs(2001)、Haldenetal(2005)等专家的2SFCA和重力模型法及改进形式综合考虑了多个因素，因此得到了更为广泛的应用和发展的两步移动搜索法(Luo 2004；Luo et al，2003；Wang et al，2005；宋正娜等，2009，2010；陶海燕等，2007)，但对地理因素考虑得更多，如何将这种方法用于人口与资源匹配还需要进一步研究。基于上海的老年人口特点和地理特征，建立和完善更加符合上海特点的老年人口与健康资源的空间匹配模型，需要进一步思考和研究。

8.3.2 深化老年人口与健康资源空间匹配的理论与实证研究

运用多学科理论，加强老年人口与健康资源空间匹配的理论分析，深入研究老年人口与健康资源空间匹配的学理性，对开展老年人口与健康资源空间匹配后续研究具有重要的价值和意义。理论上不断阐释和解释，对老年人口与健康资源空间匹配的内在机理，匹配不平衡的理论渊源进行更加深入的探析，有利于老年人口与健康资源的实证研究。

在理论深化的同时，基于大样本的实证研究需要进一步实践。由于全国数据的获取难度，本书主要以上海作为研究的样本，其代表性和应用性都有待于进一步的验证。就全国范围来进行研究，比较研究不同区域的匹配情况，进行横向和纵向比较研究可能会有更大的意义，这也是未来研究的方向。

参考文献

中文学术著作

[1] 马尔萨斯.人口原理[M].朱泱，胡企林，朱和中，译.北京：商务印书馆，1992.

[2] 顾宝昌.社会人口学的视野[M].北京：商务印书馆，1992.

[3] 藤田昌久，保罗・R.克鲁格曼，安东尼・J.维纳布尔斯.空间经济学——城市、区域与国际贸易[M]. 北京：中国人民大学出版社，2013.

[4] 曾毅，张震，顾大男，郑真真.人口分析方法与应用[M].北京：北京大学出版社，2011.

[5] 田雪原.中国人口政策 60 年[M].北京：社会科学文献出版社，2009.

[6] 邬沧萍.人口学学科体系研究[M].北京：中国人民大学出版社，2006.

[7] 佟新.人口社会学[M].北京：北京大学出版社，2006.

[8] 李竞能.现代西方人口理论[M].上海：复旦大学出版社，2004.

[9] 于学军，解振明.中国人口发展评论：回顾与展望[M].北京：人民出版社，2000.

[10] 张善余.人口地理学概论[M].上海：华东师范大学出版社，1999.

[11] 胡焕庸.胡焕庸人口地理论文选集[M].北京：中国财经出版社，1990.

[12] 翟振武.现代人口分析技术[M].北京：中国人民大学出版社，1989.

[13] 桂世勋.人口社会学[M].济南：山东人民出版社，1986.

[14] 杨云彦.人口、资源与环境经济学[M].北京：中国经济出版社，1999.

[15] 朱宝树.人口生态学[M].南京：江苏科学技术出版社，1990.

[16] 彭希哲.人口与人口学[M].上海：上海人民出版社，2009.

[17] 高向东.大城市人口分布变动与郊区化研究——以上海为例[M].上海：复旦大学出版社，2003.

[18] 齐明珠.老年人口迁移、保障的理论与实证分析[M].北京:中国人口出版社,2004.
[19] 王桂新.中国人口分布与区域经济发展[M].上海:华东师范大学出版社,1997.
[20] 保罗·诺克斯,史蒂文·平奇.城市社会地理学导论[M]. 柴彦威,张景秋,译.北京:商务印书馆,2005.

中文学术期刊

[1] 陆杰华,黄匡时.关于构建人口均衡型社会的几点理论思考[J].人口学刊,2010(05):3-10.
[2] 邬沧萍.人口安全研究的理论意义和方法论问题——兼论人口科学在人口安全研究中的不可代替性[J].人口研究,2005(03):44-48.
[3] 周新城.关于人口、资源与环境经济学学科建设的意见[J].人口研究,2000(01):43-45.
[4] 张象枢.论人口、资源、环境经济学[J].环境保护,2000(02):6-8.
[5] 邵祖峰,胡斌,张金隆.能岗匹配动态过程定性模拟研究[J].管理科学,2006(01):35-41.
[6] 彭希哲,胡湛.公共政策视角下的中国人口老龄化[J].中国社会科学,2011(03):121-138+222-223.
[7] 陈卫旗,王重鸣.人—职务匹配、人—组织匹配对员工工作态度的效应机制研究[J].心理科学,2007(04):979-981.
[8] 翟振武,陈佳鞠,李龙.中国人口老龄化的大趋势、新特点及相应养老政策[J].山东大学学报(哲学社会科学版),2016(03):27-35.
[9] 李松龄.均衡规则、效率优先——新古典经济学的公平、效率和分配观[J].吉首大学学报(社会科学版),2002(01):34-40.
[10] 刘仲英,吴冰,徐德华,张新武.企业知识管理系统柔性与环境的战略匹配[J].同济大学学报(自然科学版),2004(06):811-816.
[11] 丁金宏,杨鸿燕,张浩光,陆萍萍.小区域人口迁移年龄模式的定义与解读——1995—2000年浦东新区人口迁移分析[J].人口研究,2003(01):20-27.
[12] 肖革新,肖辉.基于空间统计的食品安全研究现状与展望[J].中国食品卫生杂志,2016,28(04):409-414.

[13] 李秀丽,王良健.我国人口老龄化水平的区域差异及其分解研究[J].西北人口,2008(06):104-107+111.

[14] 袁俊,吴殿廷,吴铮争.中国农村人口老龄化的空间差异及其影响因素分析[J].中国人口科学,2007(03):41-47+95.

[15] 高向东,郑敏,孙文慧.上海市人口结构空间分布的模型分析[J].中国人口科学,2006(03):61-66+96.

[16] 邬沧萍,谢楠.关于中国人口老龄化的理论思考[J].北京社会科学,2011(01):4-8.

[17] 邬沧萍.积极应对人口老龄化理论诠释[J].老龄科学研究,2013,1(01):4-13.

[18] 田愿静激,高向东,余运江,汤庆园.基于ESDA的上海少数民族常住人口空间分析[J].南方人口,2013,28(06):69-78.

[19] 余运江,孙斌栋,孙旭.基于ESDA的城市外来人口社会融合水平空间差异研究——以上海为例[J].人文地理,2014,29(02):123-128.

[20] 邬沧萍,杨庆芳."老有所为"是我国积极应对人口老龄化的客观要求[J].人口与发展,2011,17(06):32-34.

[21] 朱宝树.城乡人口结构差别和城市化的差别效应[J].华东师范大学学报(哲学社会科学版),2009,41(04):84-90.

[22] 高杰,刘树昇,高立谦.城市发展与人口安全[J].中国人口·资源与环境,2014,24(S1):211-216.

[23] 何理,尹方平,赵文仪,夏军.中国水—土—人口资源多元时空匹配格局及其对粮食生产与安全的影响研究[J].水利水电技术(中英文),2022,53(03):11-27.

[24] 傅才武,钱珊.人类命运共同体视野下人口—资源环境问题的历史镜鉴[J].兰州大学学报(社会科学版),2020,48(03):8-19.

[25] 赵东霞,韩增林,任启龙,刘万波,裴倩.市域人口老龄化空间特征与养老资源匹配关系研究——以东北三省为例[J].资源科学,2018,40(09):1773-1786.

[26] 蔡绍洪,谷城,张再杰.时空演化视角下我国西部地区人口—资源—环境—经济协调发展研究[J].生态经济,2022,38(02):168-175.

[27] 刘志强,韩纯,余慧,王俊帝.城市"公园—人口—建设用地-经济"耦合协调发展的时空分异特征——以我国东部沿海五大城市群为例[J].生态经济,

2022,38(06):102-107+144.

[28] 吴婷,易明.人才的资源匹配、技术效率与经济高质量发展[J].科学学研究,2019,37(11):1955-1963.

[29] 孙晓云.人口空间集聚、公共资源配置与我国流通业协调发展[J].商业经济研究,2021(01):9-12.

[30] 曾雪婷,薛勇.超大城市人口—自然资源系统可持续发展水平研究——基于 Laplace 混合政策模拟[J].人口与经济,2022(01):121-139.

[31] 王金凤,代稳,周德全.贵州省人口经济资源综合匹配状况时空变化研究[J].重庆师范大学学报(自然科学版),2016,33(02):152-158.

[32] 张强,张健明.老年人口与卫生资源空间匹配的演进趋势——基于上海统计数据的实证分析[J].中国卫生政策研究,2019,12(07):18-23.

[33] 杨智威,陈颖彪,千庆兰,胡应龙,黄清瑶.人口空间化下公共医疗服务水平匹配度评价——以广州市为例[J].地理与地理信息科学,2019,35(02):1-2+74-82.

[34] 邬沧萍,苏苹,陈杰,王岸柳.有关研究健康老龄化方法论的几点思考[J].中国人口科学,2001(S1):103-108.

[35] 翟振武,陈佳鞠,李龙.2015—2100 年中国人口与老龄化变动趋势[J].人口研究,2017,41(04):60-71.

[36] 吴瑞君,朱宝树,古荭欢.上海市就业人口的职住分离和结构分异[J].中国人口科学,2017(03):101-115+128.

[37] 桂世勋.全面两孩政策对积极应对人口老龄化的影响[J].人口研究,2016,40(04):60-65.

[38] 汪泓,李红艳,范君晖.基于人口结构优化的上海城镇养老保险基金可持续发展对策[J].上海工程技术大学学报,2011,25(01):80-86.

[39] 唐建青,刘金锤,李姗姗.郑州市低碳生态城市评价与发展保障机制研究[J].科技创新导报,2013(12):134-138.

[40] 穆光宗.成功老龄化:中国老龄治理的战略构想[J].国家行政学院学报,2015(03):55-61.

[41] 朱宝树.人口空间格局:放眼于面关注于流聚焦于点[J].探索与争鸣,2016(01):47-49.

[42] 穆光宗.人口优化理论再探——新人口危机和国家安全[J].北京大学学报(哲学社会科学版),2015,52(04):111-122.

[43] 穆光宗.成功老龄化之关键:以“老年获得”平衡“老年丧失”[J].西南民族大学学报(人文社科版),2016,37(11):9-15.

[44] 向华丽,杨云彦.基于人口数据空间化技术的区域人口发展功能分区研究——以武汉城市圈为例[J].长江流域资源与环境,2013,22(09):1133-1141.

[45] 杨云彦,石智雷.南水北调与区域利益分配——基于水资源社会经济协调度的分析[J].中国地质大学学报(社会科学版),2009,9(02):13-18.

[46] 高向东,吴瑞君.上海人口空间移动与公共管理和服务资源配置研究[J].科学发展,2013(03):26+58-71.

[47] 丁金宏,刘振宇,程丹明,刘瑾,邹建平.中国人口迁移的区域差异与流场特征[J].地理学报,2005(01):106-114.

[48] 桂世勋.上海城市社区为老服务资源整合研究[J].华东师范大学学报(哲学社会科学版),2004(01):71-78+123-124.

[49] 高向东,王宇.大城市人口分布变动与郊区化研究方法及其应用[J].华东师范大学学报(哲学社会科学版),2009,41(04):91-95.

[50] 姜向群,魏蒙,张文娟.中国老年人口的健康状况及影响因素研究[J].人口学刊,2015,37(02):46-56.

[51] 姜向群.改革开放以来中国老年社会保障制度的发展变革及政策思考[J].人口研究,2009,33(02):20-31.

[52] 汪小娟.积极老龄化:一种解决人口老龄化的途径[J].黑河学刊,2011(04):181-182.

[53] 马倩倩,张静杭,杨土保.地理信息系统在现代医学中的应用[J].实用预防医学,2017,24(07):892-897.

[54] 王鸿诗,吴克昌,张强.和谐社会背景下公平与效率评价指标体系的构建[J].统计与决策,2010(13):35-37.

[55] 熊雪晨,白鸽,金超,周奕男,陈海乐,付晨,吴凌放,罗力.基于最近距离法的医疗服务地理可达性可视化表达方法及实证研究[J].中国卫生资源,2016,19(04):270-274.

[56] 朱峥泓.社区卫生机构上门医疗服务的特征及相应服务模式的研究[J].中国预防医学杂志,2010,11(09):959-960.

[57] 张萌,崔华,池旭英.借鉴国外社区护理经验发展中国特色社区护理[J].护理学报,2006(06):90-91.

[58] 毛满长，李胜平.社区居家养老：中国城镇养老模式探索[J].西北农林科技大学学报(社会科学版)，2010，10(01)：119－123.

[59] 张翔，黄凌谊.深圳市社区心理健康服务模式探讨[J].中国民康医学，2009，21(19)：2419－2420.

[60] 张庭辉，瞿建国.关于构建城市社区心理健康服务模式的思考[J].怀化学院学报，2008(10)：25－26.

[61] 颜文涛，萧敬豪，胡海，邹锦.城市空间结构的环境绩效：进展与思考[J].城市规划学刊，2012(05)：50－59.

[62] 李珍，王平.强力建设首诊制 纠正医疗资源误配置[J].中国卫生经济，2011，30(12)：24－27.

[63] 张强，高向东.上海市老年人口空间分布及演变趋势研究[J].人口与发展，2017，23(06)：46－54＋108.

[64] 童玉芬，马艳林.城市人口空间分布格局影响因素研究——以北京为例[J].北京社会科学，2016(01)：89－97.

[65] 李丽.与行政决策听证有关问题的思考[J].黑龙江省政法管理干部学院学报，2008(01)：29－32.

[66] 高向东，王新贤，朱蓓倩.基于“胡焕庸线”的中国少数民族人口分布及其变动[J].人口研究，2016，40(03)：3－17.

[67] 王新贤，高向东，陶树果.上海市人口老龄化的空间分布及演化特征研究[J].上海经济研究，2016(08)：120－129.

[68] 张强，高向东.老年人口长期护理需求及影响因素分析——基于上海调查数据的实证分析[J].西北人口，2016，37(02)：87－90.

[69] 廖重斌.环境与经济协调发展的定量评判及其分类体系——以珠江三角洲城市群为例[J].热带地理，1999(02)：76－82.

[70] 胡洪曙，亓寿伟.政府间转移支付的公共服务均等化效果研究——一个空间溢出效应的分析框架[J].经济管理，2015，37(10)：1－11.

[71] 黄祖宏，高向东.基于ESDA的上海市常住境外人口空间分析[J].人口与发展，2012，18(02)：48－53.

[72] 顾海英，史清华，程英，单文豪.现阶段“新二元结构”问题缓解的制度与政策——基于上海外来农民工的调研[J].管理世界，2011(11)：55－65.

[73] 桑丽杰，舒永钢，祝炜平，苏飞.杭州城市休闲绿地可达性分析[J].地理科学进展，2013，32(06)：950－957.

[74] 李娜,孙才志,范斐.辽宁沿海经济带城市化与水资源耦合关系分析[J].地域研究与开发,2010,29(04):47-51.

[75] 郭庆,余运江,黄祖宏.流动人口社会融入感的空间差异及影响因素研究——基于ESDA的视角[J].人口与发展,2015,21(04):52-59.

[76] 陆军.地方公共产品空间研究导论:一个即将的前沿领域[J].河北大学学报(哲学社会科学版),2010,35(05):66-72.

[77] 钟霞,刘毅华.广东省旅游—经济—生态环境耦合协调发展分析[J].热带地理,2012,32(05):568-574.

[78] 王桂新,潘泽瀚.我国流动人口的空间分布及其影响因素——基于第六次人口普查资料的分析[J].现代城市研究,2013,28(03):4-11+32.

[79] 郭清.公众健康管理是关系经济社会发展的重大战略问题[J].科技促进发展,2009(03):1-5.

[80] 张素芳.论市场分配经济利益和配置生产资源的基础性作用——四论市场经济的公平与效率[J].经济评论,2005(05):15-19.

[81] 周芬芬.农村中小学布局调整对教育公平的损伤及补偿策略[J].教育理论与实践,2008(19):31-34.

[82] 曾鸣,王亚娟.基于主成分分析法的我国能源、经济、环境系统耦合协调度研究[J].华北电力大学学报(社会科学版),2013(03):1-6.

[83] 周欣娟,李良松,漆勇方.基于模糊综合评价的图书馆创新人才评价体系构建[J].农业图书情报学刊,2012,24(09):217-221.

[84] 马拴友,于红霞.转移支付与地区经济收敛[J].经济研究,2003(03):26-33+90.

[85] 石黎.投资项目评审的粗集和灰色理论决策模型[J].技术经济与管理研究,2012(04):3-7.

[86] 刁星,程文.城市空间绩效评价指标体系构建及实践[J].规划师,2015,31(08):110-115.

[87] 孟田田,张晶.北京城区就医可达性评价及空间特征分析[J].地理空间信息,2017,15(03):62-65+11.

[88] 陶卓霖,程杨,戴特奇.北京市养老设施空间可达性评价[J].地理科学进展,2014,33(05):616-624.

[89] 冬继峰.新疆少数民族大学生体质健康水平分析与对策研究——以塔里木大学为例[J].塔里木大学学报,2012,24(01):86-91.

[90] 柏良泽."公共服务"界说[J].中国行政管理,2008(02):17-20.
[91] 李青,苗莉.基于耦合度的新疆土地利用与生态环境发展研究[J].资源开发与市场,2013,29(07):750-753.
[92] 刘海峰.高考改革:公平为首还是效率优先[J].高等教育研究,2011,32(05):1-6.
[93] 连洪泉,周业安,陈叶烽,叶航.不平等厌恶、合作信念与合作行为——来自公共品实验的证据[J].经济学动态,2016(12):14-27.
[94] 朱学权.对市场经济条件下公平与效率关系的再思考——兼对"效率优先,兼顾公平"原则的理解[J].现代哲学,2000(02):106-109.
[95] 张耀军,张振.京津冀区域人口空间分布影响因素研究[J].人口与发展,2015,21(03):2-9.
[96] 杨林,李思赟.城乡医疗资源非均衡配置的影响因素与改进[J].经济学动态,2016(09):57-68.
[97] 吴文恒,牛叔文,郭晓东,常慧丽,李钢.中国人口与资源环境耦合的演进分析[J].自然资源学报,2006(06):853-861.

学位论文

[1] 王丽娟.城市公共服务设施的空间公平研究[D].重庆:重庆大学,2014.
[2] 袁冰.水环境治理:中央政府与地方政府的博弈分析[D].西安:陕西师范大学,2007.
[3] 罗媞.健康资源可持续发展研究[D].武汉:华中师范大学,2005.
[4] 王海波.基于GIS的居家老人常患疾病监测与突发事故应急辅助决策研究[D].武汉:武汉大学,2014.
[5] 陈睿.都市圈空间结构的经济绩效研究[D].北京:北京大学,2007.
[6] 吕雅男.城市老年人健康状况及其影响因素研究[D].长沙:中南大学,2012.
[7] 张馨予.基于公平与效率的我国卫生资源配置和服务供给研究[D].天津:天津医科大学,2017.
[8] 顾佳丽.浙江省人口分布与经济发展的均衡性及其影响因素分析[D].广州:暨南大学,2014.
[9] 周瑞刚.边疆城市经济圈人口、资源与环境协调发展研究[D].昆明:云南大学,2016.
[10] 余运江.城市集聚、外部性与劳动力流动研究[D].上海:华东师范大

学,2015.
[11] 陈程.上海人口老龄化对养老负担影响的研究[D].上海:上海工程技术大学,2012.
[12] 谭东烜.太湖流域水环境保护利益相关者博弈研究[D].南京:南京大学,2016.
[13] 王苏勤.上海市养老机构资源的区域布局研究[D].上海:上海工程技术大学,2015.
[14] 王丽娟.城市公共服务设施的空间公平研究[D].重庆:重庆大学,2014.
[15] 诸培新.农地非农化配置:公平、效率与公共福利[D].南京:南京农业大学,2005.
[16] 崔仟.长吉图开发开放先导区人口与经济协调发展研究[D].长春:吉林大学,2011.
[17] 赵强社.城乡基本公共服务均等化制度创新研究[D].咸阳:西北农林科技大学,2012.

英文学术著作

[1] Jacobs, Jane.1969.The Economy of Cities[M].New York: Vintage,1969.
[2] Gesler W. The Cultural Geography of health care [M]. Pittsburgh: University of Pittsburgh, 1991:1-245.
[3] Tuan Y-F. Topophilia [M].Englewood Cliffs, NJ: Prentice-Hall,1974:1-260.
[4] Meade M, Florin J, Gesler W. Medical Geography [M]. New York: Guilford, 1988:1-498.
[5] Brakman S, Garretsen H, Van Marrewijk C. The new introduction to geographical economics[M].Cambridge University Press,2009.
[6] Baldwin RE, Forslid R, Martin P, Ottaviano GIP, Robert-Nicooud F. Economic geography and public policy [M]. Princeton University Press,2003.

英文学术期刊

[1] Mehmet Baran Ulak, Eren Erman Ozguven, Lisa Spainhour, Omer Arda Vanli. Spatial investigation of aging-involved crashes: gis-based case study

in northwest florida[J]. Journal of Transport Geography, 2017, 58.

[2] Stephanie E C, Nancy A R. Exploring the material basis for health: characteristics of parks in montreal neighborhoods with contrasting health outcomes[J]. Health and Place, 2006, 12(4): 361 - 371.

[3] Craig N. Exploring the generalisability of the association between income inequality and self-assessed health[J]. Social Science and Medicine, 2005, 60(11): 2477 - 2488.

[4] Kearns R A, Barnett J R. Consumerist ideology and the symbolic landscapes of private medicine [J]. Health and Place, 1997, 3(3): 171 - 180.

[5] Parr H. Medical geography: critical medical and health geography [J]. Progress in Human Geography, 2004, 28(2): 246 - 257.

[6] Atkinson S. Political cultures, health systems and health policy[J]. Social Science and Medicine, 2002, 55(1): 112 - 124.

[7] Baer L D. Radically changing the research framework during a health geography study [J]. Social Science and Medicine, 2002, 55(10): 1829 - 1833.

[8] Pearce J, Witten K, Bartie P. Neighbourhoods and health: a gis approach to measuring community resource accessibility[J]. Journal of Epidemiology and Community Health, 2006, 60(5): 389 - 395.

[9] Richard J. Mitchell, Elizabeth A. Richardson, Niamh K. Shortt, Jamie R. Pearce. Neighborhood environments and socioeconomic inequalities in mental well-Being[J]. American Journal of Preventive Medicine, 2015, 49 (1).

[10] Smyt F h. Medical geography: understanding health inequalities [J]. Progress in Human Geography, 2008, 32(1): 119 - 127.

[11] Rosero B L. Spatial access to health care in costa rica and its equity: a gis-based study [J]. Social Science and Medicine, 2004, 58(7): 1271 - 1284.

[12] Melvyn Hillsdon, Jenna Panter, Charlie Foster, Andy Jones. Equitable access to exercise facilities[J]. American Journal of Preventive Medicine, 2007, 32(6).

[13] Geoffrey DeVerteuil. Conceptualizing violence for health and medical

geography [J]. Social Science & Medicine, 2015, 133.

[14] Malcolm P Cutchin. The process of mediated aging-in-place: a theoretically and empirically based model [J]. Social Science & Medicine, 2003, 57(6).

[15] Melissa L. Finucane, Nghiem Tuyen, Sumeet Saksena, James H. pencer, Jefferson M. Fox, Nguyen Lam, Trinh Dinh Thau, Tran Duc Vien, Nancy Davis Lewis. Perceived risk of avian influenza and urbanization in northern vietnam[J]. EcoHealth, 2017, 14(1).

[16] Ellen K. Cromley, Maureen Wilson-Genderson, Zachary Christman, Rachel A. Pruchno. Colocation of older adults with successful aging based on objective and subjective measures[J]. Applied Geography, 2015, 56.

[17] Alun E. Joseph, Bonnie C. Hallman. Over the hill and far away: distance as a barrier to the provision of assistance to elderly relatives[J]. Social Science & Medicine, 1998, 46(6).

[18] Enrique Soto-Perez-de-Celis, Yanin Chavarri-Guerra. National and regional breast cancer incidence and mortality trends in mexico 2001—2011: analysis ofa population-based database[J]. Cancer Epidemiology, 2016, 41.

[19] Landon W. Trost, John P. Mulhall. Challenges in testosterone measurement, data interpretation, and methodological appraisal of interventional trials[J]. The Journal of Sexual Medicine, 2016, 13(7).

[20] Hartini Md Yon, Murali Naidu. Activation of akt and the signaling of phosphorylated akt in the l5 dorsal root ganglia in aging rats[J]. Journal of the Anatomical Society of India, 2017, 66(1).

[21] Mateusz Wątroba, Dariusz Szukiewicz. The role of sirtuins in aging and age-related diseases[J]. Advances in Medical Sciences, 2016, 61(1).

[22] Rocio Fernandez-Ballesteros, Ricardo Olmos, Marta Santacreu, Antonio Bustillos, Maria Angeles Molina. The role of perceived discrimination on active aging[J]. Archives of Gerontology and Geriatrics, 2017, 71.

[23] Yomna Badawi, Hiroshi Nishimune. Presynaptic active zones of mammalian neuromuscular junctions: nanoarchitecture and selective impairments in aging[J]. Neuroscience Research, 2017.

[24] Conglin Zhang, Yu Liu, Haijuan Qiao. An empirical study on the spatial distribution of the population, economy and water resources in northeast china[J]. Physics and Chemistry of the Earth, 2015, 79 - 82.

[25] Faheem Ahmad, G. H. Walter, S. Raghu. Comparative performance of tribolium castaneum (herbst) (coleoptera: tenebrionidae) across populations, resource types and structural forms of those resources[J]. Journal of Stored Products Research, 2012, 48.

[26] Janusz Uchmański. Resource partitioning among competing individuals and population persistence: an individual-based model[J]. Ecological Modelling, 2000, 131(1).

[27] Sterdt, E., S. Liersch, and U. Walter. Correlates of physical activity of children and adolescents: a systematic review of reviews[J]. Health Education Journal 2014.73 (1): 72 - 89.

[28] David Pimentel, Marcia Pimentel. Global environmental resources versus world population growth[J]. Ecological Economics, 2005, 59(2).

[29] Yang, D.-H. R. Goerge, and R. Mullner. Comparing gis-based methods of measuring spatial accessibility to health services[J]. Journal of Medical Systems, 2006.30 (1): 23 - 32.

[30] Paul V. Bolstad, Ted L. Gragson. Resource abundance constraints on the early post-contact cherokee population[J]. Journal of Archaeological Science, 2007, 35(3).

[31] Kai-yuen Tsui. Local Tax System, Intergovernmental transfers and china's local fiscal disparirities[J]. Journal of Comparative Economics, 33 (2005): 173 - 196.

[32] Le Sage J P, Kelley Pace R.A. matrix exponential spatial specification[J]. Journal of Econometrics, 2007, 140(1): 190 - 214.

[33] Levine and David Renelt. A. Sensitivity analysis of cross-country growth regressions[J]. American Economic Review, 2004, 21(82): 942 - 967.

[34] Martin Gonzalez-Eiras & Dirk Niepelt. Ageing, government budgets, retirement, and growth[J]. European Economic Review, 2012(56) 97 - 115.

[35] Lee E S. A theory of migration [J]. Demgraphy, 1966(1): 47 - 57.

[36] R. Navickas, Ž. Visockienė, R. Puronaitė, M. Rukšėnienė, V. Kasiulevičius, E. Jurevičienė. prevalence and structure of multiple chronic conditions in lithuanian population and the distribution of the associated healthcare resources[J]. European Journal of Internal Medicine, 2015, 26 (3).

[37] Kearns R, Moon G. From medical to health geography: novelty, place and theory after a decade of change [J]. Progress in Human Geography, 2002, 26(5): 605 - 625.

[38] Khan A. An integrated approach to measuring potential spatial access to health care services[J]. Socioeconomic Planning Sciences, 1992, 26(4): 275 - 287.

[39] Smyth F. Medical geography: therapeutic places, spaces and networks [J]. Progress in Human Geography, 2005, 29(4): 488 - 495.

[40] Andrews, et al. Understanding the reproduction of health care: towards geographies in health care work[J]. Progress in Human Geography, 2008, 32(6): 759 - 780.

[41] Mayer J D, Meade M S. A reformed medical geography reconsidered[J]. Professional Geographer, 1994, 46(1): 103 - 106.

[42] Dorn M, Laws G. Social theory, body politics, and medical geography: extending kearns' invitation [J]. Professional Geographer, 1994, 46(1): 106 - 110.

[43] Paul B K, Kearns R A. Commentary on kearns' "place and health: toward a reformed medical geography" [J]. Professional Geographer, 1994, 46 (4): 504.

[44] Zhang K Honglin, Song Shunfeng. Rural-urban migration and urbanization in China: Evidence from time-series and cross-section analyses [J]. China Economic Review, 2003 (14): 386 - 400.

[45] Lugunaah, et al. A longitudinal study of the health impacts of a petroleumrefinery[J]. Social Science and Medicine, 2000, 50(7): 1155 - 1166.

[46] Barnett J R. Rationalizing hospital services: reflections on hospital restructuring and its impacts in new zealand [J]. New Zealand

Geographer,2000,56(1):5－21.

[47] Parr H. The politics of methodology in"post-medical geography":mental health research and the interview[J]. Health and Place, 1998,4(4):341－353.

[48] Frazer S L, et al. Across the water: reviewing geographical studies of asylums and other mental health facilities[J]. Health and Place, 1997,3(2):73－89.

[49] Ville I, Khlat M. Meaning and coherence of self and health: an approach based on narratives of life events [J]. Social Science and Medicine, 2007, 64(4):1001－1014.

[50] Smith L, et al. Treating asthma with a self-management model of illness behaviour in an australian community pharmacy setting[J]. Social Science and Medicine, 2007,64(7):1501－1511.

[51] Curtis S, Riva M. Health geographies: complexity theory and human health[J]. Progress in Human Geography, 2010,34(2):215－223.

[52] Dyck I. Using qualitative methods in medical geography: deconstructive moments in a subdiscipline[J]. Professional Geographer, 1999, 51(2): 243－253.

[53] Cutchin M P. Qualitative explorations in health geography: using pragmatism and related concepts as guides[J]. Professional Geographer, 1999,51(2):265－274.

[54] Tabuchi T, Thisse J- F.Taste heterogeneity, labor mobility and economic geography[J]. Journal of Development Economics,2002,(69):155－177.

[55] Kearns R. Place and health: towards a reformed medical geography[J]. The Professional Geographe, 1993,45(2):139－147.

[56] Foley R. Assessing the applicability of gis in a health and social care setting: planning services for informal carers in east sussex, england[J]. Social Science and Medicine, 2002,55(1):79－96.

[57] Fujita M, Tomoya Mori. Transport Development and the evolution of economic geography[J]. Portuguese Economic Journal,2005,(4):129－156.

[58] Berliant M, Reed R, Wang P. Knowledge exchange, matching, and

agglomeration[J]. Journal of Urban Economics, 2006, (60): 69 - 95.

[59] Duranton G, Puga D. Nursery cities: urban diversity, process innovation, and the life cycle of products[J]. American Eco-nomic Review, 2001, (91): 443 - 474.

[60] Fujita M, Thisse J- F. Globalization and the evolution of the supply chain: who gains and who loses[J]. International E-conomic Review, 2005, (47): 811 - 836.

[61] Dalgard O S, Tambs K. Urban environment and mental health: a longitudinal study[J]. British Journal of Psychiatry, 1997, 171(1957): 530 - 536.

[62] Sooman A, Macintyre S. Health and perceptions of the local environment in socially contrasting neighbourhoods in Glasgow[J]. Health and Place, 1995, 1(1): 15 - 26.

[63] Yen I H, Kaplan G A. Neighbor-hood social environment and risk of death: multilevel evidence from the Alameda County Study [J]. American Journal of Epidemiology, 1999, 149(10): 898 - 907.

[64] Tabuchi T. Urban agglomeration and dispersion: a synthesis of alonso and krugman[J]. Journal of Urban Economics, 1998, (44): 333 - 335.

[65] Kearns R A, et al. Placing racism in public health: a perspective from aotearoa/new zealand[J]. Geojournal, 2009, 74(2): 123 - 129.

[66] Willians D R, Collins C. Racial residential segregation: a fundamental cause of racial disparities in health [J]. Pubilc Health Reports, 2001, 116 (5): 404 - 416.

[67] Curtis S. How can we address health inequality through healthy public policy in Europe[J]. European Urban and Regional Studies, 2008, 15(4): 4293 - 4305.

[68] Brown T, Bell M. Imperial or postcolonial governance? dissecting the genealogy of a global public health strategy [J]. Social Science and Medicine, 2008, 67(10): 1571 - 1579.

[69] Ozbay K, Ozmen D. and Berechman J. Modeling and analysis of the link between accessibility and employment growth [J]. Journal of Transportation Engineering, 2006, 132(5): 385 - 393

[70] Higgs G. A literature review of the use of gis-based measures of access to health care services [J]. Health Services & Outcomes Research Methodology, 2004,5(2):119 - 139.

[71] Peeters D, Thomas I. Distance predicting functions and applied location-allocation models[J]. Journal of Geographical Systems,2000,2(2):167 - 184.

索 引

后 记

本书《空间异质性、人口分布与资源配置：基于上海老年人口与健康资源匹配的理论与实证》，受上海工程技术大学著作出版专项资助，是我的博士毕业论文，也是国家级课题的部分研究成果。几年来我一直从事人口与社会保障问题的研究，本书是这几年的研究成果的汇总。

曾几何时，我在思考人类社会为什么能够不断进步？可能有很多的答案，我思考其中一个重要原因可能是人类不断地开拓创新，敢于突破自己，从自己擅长的领域进入不太擅长的领域。带着这种思考和理解，我从较为熟悉的社会保障领域，进入了人口学这一全新的学术研究领域。人口地理学、人口经济学、人口社会学、人口迁移与城市化等学科领域唤醒了我的人口学情感，我始终相信教育的真谛在于唤醒，唤醒每个学生内心对知识、能力、责任的内在追求。华东师范大学人口所有着光辉的历史，孵化出全国多所高校的人口所，有胡焕庸为代表的一大批优秀人口学专家，他们都有着崇高的家国情怀，有着严谨的科学研究精神，有着淡泊名利献身科研的宽广胸怀。

在本书即将出版之际，首先感谢的当属我的导师高向东老师。能够成为高老师的学生，绝对是我的幸运，这也是很多老师和同学共同的评价。高老师淡泊名利的处世态度、严谨科学的治学精神、诲人不倦的师德风范给我以巨大的人生启迪。高老师最开心的时刻，不是他拥有多少虚名，也不是担当了什么领导职务，而是知道他的学生在好好学习，在认真读书，尤其是得知某个学生的论文被高等级刊物录用了，他最开心。他关心学生，给学生各种锻炼的平台和机会，鼓励大家以科研作为自己为之奋斗的目标，在年轻的时候要发愤图强，干事创业，成就一番作为。在我写作的过程中，从选题、框架、论证，到具体的技术、模型、数据，高老师都给了我巨大的帮助，我从一个 GIS 的“门外汉”，在高老师的鼓励和帮助下，能够熟练运用GIS进行相关的地理分析。每当我遇到写作的瓶颈时，高老师都能放下自己的事务，和我多次讨论，多次交流，提出解决的思路和对策，让我豁然开朗。在指导我写作的同时，也经常问我的工作和生活情况，让我兼顾好学习、工作和生活，不要焦虑，积极勤奋，顺利完成学业，此刻的我，心中充满感激，对"导师"二字也更为崇拜。

在书稿写作的过程中，我曾先后拜访过多位老师，并得到了热情的指导和慷慨的帮助。他们是华东师范大学人口所的丁金宏老师、吴瑞君老师、黄晨熹老师、李强老师等。丁老师的人口地理、人口迁移为我打开了人口学全新的领域，丁老师的课经常运用哲学思维，他教会了我如何站在更高的层面分析社会现象，透过现象抓住本质。这种感觉如饮醍醐，如吸甘露。吴瑞君老师用她对人口经济学和人口社会学的思考，破解当前的社会难题。黄晨熹老师的社会福利、保障问题研究；李强老师的人口统计分析技术等都给我留下了深刻的印象。华师大人口所的桂世勋老师、朱宝树老师等，在已经退休的情况下，依然活跃在人口学界，这种学术追求，令人钦佩。在读书和工作的过程中，我最尊敬的张健明老师，给了我巨大的人生帮助。无论是硕士读书阶段，还是后来的工作阶段，张老师都是我的人生导师。我的成长过程中的每一步，都离不开他的启迪和影响，张老师以他的人格魅力让我希望成为他那样的人。

同时，还要感谢崔开昌、张美丽、郭丽娜、薄赢、朱蓓倩、陶树果、汪传江、刘彩云、方中书、唐迪、李芬、杨祯荣、杨丹等一批同窗好友，为我提供了大量的支持和帮助。在此，特别感谢余运江师兄、王新贤师弟、汪传江师弟等同门对我写作给予的帮助，让我体会到了团队合作的价值和意义。

本书的出版获得了上海工程技术大学2022年度学术著作的出版资助，同时也得到了上海交通大学出版社编辑提文静老师的热情帮助和指导，在此一并表示感谢。